本书编委会

主　　编：王前虎

副 主 编：刘　兵

编委成员：肖礼圣　沈文清　范　敏　谭　军　王　飚

　　　　　谢运生　孙李媛　土贺礼　方　欣　黄海琴

　　　　　熊　瑜　钟凌鹏　伍贤萍　邹　敏　张仁杰

　　　　　王耀伟　李　聪　吴晓方　王　馨

江西制造业
绿色低碳循环发展
典型案例

王前虎 ◎ 主编

江西省发展与改革委员会 ◎ 编著

江西人民出版社
Jiangxi People's Publishing House
全 国 百 佳 出 版 社

图书在版编目（CIP）数据

　　江西制造业绿色低碳循环发展典型案例／王前虎主编；
江西省发展和改革委员会编著. -- 南昌:江西人民出版
社，2023.10

　　ISBN 978-7-210-15018-3

　　Ⅰ. ①江… Ⅱ. ①王… ②江… Ⅲ. ①制造工业 - 绿
色经济 - 低碳经济 - 循环经济 - 经济发展 - 案例 - 江西
Ⅳ. ①F426.4

　　中国国家版本馆 CIP 数据核字（2023）第 224689 号

江西制造业绿色低碳循环发展典型案例
JIANGXI ZHIZAOYE LÜSE DITAN XUNHUAN FAZHAN DIANXING ANLI

王前虎　主编
江西省发展和改革委员会　编著

责 任 编 辑：万莲花
封 面 设 计：同昇文化传媒

江西人民出版社　出版发行
Jiangxi People's Publishing House
全 国 百 佳 出 版 社

地　　　　址：江西省南昌市三经路 47 号附 1 号（330006）
网　　　　址：www.jxpph.com
电 子 邮 箱：64114527@qq.com
编辑部电话：0791-86898650
发行部电话：0791-86898815
承 印　　厂：南昌市红星印刷有限公司
经　　　销：各地新华书店

开　　　　本：787 毫米 × 1092 毫米　1/16
印　　　　张：16
字　　　　数：240 千字
版　　　　次：2023 年 10 月第 1 版
印　　　　次：2023 年 10 月第 1 次印刷
书　　　　号：ISBN 978-7-210-15018-3
定　　　　价：96.00 元
赣版权登字-01-2023-551

前　言

　　建立健全绿色低碳循环发展的经济体系是促进生态文明建设,构建现代化经济体系和实现高质量发展的必由之路。党的二十大对推动绿色发展作出了重大部署,提出加快发展方式绿色转型,协同推进降碳、减污、扩绿、增长的一系列重要论述,开启了站在人与自然和谐共生的高度谋划发展、推进美丽中国建设的新征程。建设中国式现代化,必须坚持生态文明建设的系统观念,坚定走生态优先、绿色发展之路。

　　制造业高质量发展是我国经济高质量发展的重中之重。新征程中,加快推动制造业绿色低碳发展,有利于助力工业领域实现碳达峰碳中和目标,也是建设现代化产业体系、实现高质量发展的必然选择。江西是新兴工业大省,生产制造门类比较齐全,近年来,特别是提出"双碳"目标以来,牢牢把握高质量发展这个首要任务,持续将"双碳"目标和绿色发展理念贯穿工业生产全过程、全链条、全领域,出台工业领域以及钢铁、有色金属、石化化工、建材等重点行业碳达峰实施方案,实施加快推动工业领域绿色低碳转型重点行动,坚定推动产业结构高端化、能源消费低碳化、资源利用循环化、生产过程清洁化、产品供给绿色化、制造流程数字化。2022年,全省工业增加值突破万亿元,制造业增加值占GDP比重保持34%左右,有色、石化、钢铁、建材、纺织、食品、家具、船舶八大重点产业规模以上企业共实现营业收入23720.4亿元,实现利润总额1630.2亿元,其营业收入和利润总额五年内年均分别增长2.3%和1.9%。累计实施4000个以上技改项目建设,创建国家级绿色工厂114家,绿色园区15个,创建9个国家级资源综合利用示范基地,83.2%的省级及以上园区实施循环化改造,绿色制造示范标杆持续升级,能源资源利用效率大幅提升,绿色低碳循环发展成为江西高质量发展的鲜明底色。

为及时总结一批富有江西特色、代表江西模式的地方、园区、企业等层面绿色低碳循环发展的经验做法,江西省发展改革委会同省工业和信息化厅、省科学院编写本书。本书坚持以习近平新时代中国特色社会主义思想为指导,认真贯彻落实习近平经济思想和习近平生态文明思想,以绿色低碳循环发展经济体系为主线,以地方实践探索为支撑,分园区、企业和资源节约利用三个部分谋篇布局,从区域、行业、领域等角度精选了70个典型案例,其中园区绿色转型篇18个、企业低碳升级篇40个、资源节约利用篇12个,为同类型区域、园区、企业绿色低碳循环发展提供参考。

各案例所在地方、园区、企业为本书提供了丰富的材料,在此表示感谢。限于编者的水平和时间,不足之处敬请批评指正。

目　录

企业低碳升级篇

钢铁有色

节能环保

电子电器

资源节约利用篇

园区绿色转型篇

　　开发区作为区域经济发展的承载主体，在建立健全绿色低碳循环发展的经济体系中发挥着关键作用。近年来，江西省开发区立足资源禀赋、产业定位，抓源头、再利用、强技术、创生态、云赋能、数字化，在绿色转型发展方面取得明显成效，打造了一批示范样板。本篇在全省精选了18个开发区绿色低碳循环发展的典型案例，系统总结绿色转型发展经验做法和成效，为其他开发区加快转型发展提供参考和借鉴。

井冈山经开区：
构建电子信息循环产业链

井冈山经济技术开发区（以下简称"井冈山经开区"）于2001年11月经吉安市政府批准设立，2010年3月升级为国家级经济技术开发区，2011年3月获批国家出口加工区。2018年3月，整合吉州、青原2家省级开发区，形成"一区四园"发展格局，是江西省政府和深圳市政府共创共建的吉安（深圳）产业园。

近年来，井冈山经开区厚植产业发展优势，在招商、项目建设、企业服务、科技创新等方面加大改革力度，全力建好经济发展的"主阵地"，当好工业强市的"主攻手"，加快推动园区电子信息首位产业高质量发展。围绕打造全省战略性新兴产业集聚区、中部地区创新发展新高地、国家新型工业化电子信息产业示范基地，聚焦LED绿色照明和智能硬件两大产业细分领域，按照点、线、面、体、网全链发展，井冈山经开区基本形成了以木林森光电为龙头，集覆铜板—封装—应用及配套LED全产业链的百亿产业集群，集线路板、芯片设计、盖板、显示面板—触控显示、生物识别、摄像等智能模组和智能终端为一体的智能硬件产业集群。拥有国家新型工业化产业示范基地（电子信息）、国家科技兴贸创新基地、国家加工贸易梯度转移重点承接地、国家台资企业转移承接地、国家循环化改造示范试点园区、国家知识产权试点示范园区、国家绿色园区等16张"国字号"名片。

一、打造公共服务"三驾马车",赋能首位产业"破圈"提质

依托产业集群优势,井冈山经开区重点打造电子信息产业公共服务平台"三驾马车":全省首个电子信息产业联盟、全省首个电子信息研究院、电子信息产品检验检测中心。"三驾马车"持续赋能,以企业为主体、市场为导向、产学研紧密结合的科技创新体系不断完善,构建起优质产业生态圈,推动园区电子信息产业高质量发展,为区域经济"破圈"升级发展注入强劲动力。

电子信息产业联盟吸纳细分行业领军企业、关键环节配套企业、服务类企业247家,打通供需对接内循环,助力产业链上中下游对接、产供销服一体、大中小微协同发展。

电子信息研究院精准引入湖南大学王耀南院士、电子科技大学等高端资源,聚焦人工智能、LED、集成电路、新型显示、通讯传输等五大研发方向,加快产业关键技术攻关,提升首位产业的竞争力和创新力。成功承接木林森光电省、市两

江西电子信息产品检验检测中心

级揭榜挂帅项目,与米田科技、协讯电子(吉安)等本地企业签订合作项目 20 多个;服务电子信息企业 150 余家,联合行业龙头企业对企业技术需求和行业共性问题开展科研攻关。2022 年度对外合作经费近 900 万元。

电子信息产品检验检测中心成功获批筹建省级质检中心,中心主要建设"4+2"技术平台,即产品可靠性检测、环境检测、ROHS 检测、电子信息产业校准等 4 个共性检验平台和 PCB 板检测、显示屏板检测 等 2 个个性检测平台,为电子信息类产品提供技术检测、产品认证、标准制定等公共服务,成为我省产业特色鲜明、支撑区域高质量发展的检验检测中心。

二、实施绿色化"四大工程",构建绿色产业发展格局

1. 绿色制造示范引领工程

围绕国家绿色制造战略部署,积极开展绿色制造体系创建,进一步提升清洁化及资源综合利用水平和规模。截至 2023 年,园区内木林森光电、合力泰科技股份、红板科技(江西)、满坤科技股份等 4 家企业获批国家级绿色工厂称号,满坤科技、威尔高电子、生益电子等 3 家企业荣获国家绿色设计产品称号。

2. 绿色产业链优化工程

一是去无效低端产业链。建立省级环保管家绿色通道,严厉打击"地条钢",全部淘汰 35 蒸吨以下的传统燃煤锅炉,推进违建整治、厂中厂清理、高能耗高污染企业出清等专项行动,关停整改部分散乱污企业。二是补绿色循环产业链。在电子信息首位产业链中构建"电子材料—电子元器件—电子产品—废旧电子产品回收再利用"内循环。

3. 绿色管理节能提升工程

一是稳步提升清洁生产水平。鼓励企业加强"产前""产中"控制,积极引导企业大力推进 ISO14000 认证,获批全省节水型示范企业 7 家,完成清洁生产审核企业近 40 家,占全区规模以上企业达 20% 以上。二是积极构建能源集约化体

系。引导园区用电大户企业建成能源在线监控系统,定期开展重点用能企业的节能监察和环保督察专项行动。实施余热余压集中供热工程,实现园区供热服务全覆盖,帮助企业降低用能成本10%左右。

4. 绿色项目强基筑底工程

坚持"园区大循环+企业小循环"绿色发展模式,完善领导重点推动项目责任机制。大力推动电子废物综合利用、废蚀刻液综合回收利用、含重金属污泥处理利用及高浓度工业废液处理利用、燃煤锅炉节能环保提升、余热余压利用技术改造和分布式屋顶光伏电站等重点项目建设,推进园区循环经济发展。

案例启示

井冈山经开区精准培育主导产业,形成了以电子信息首位产业和生物医药大健康、新能源新材料和先进装备制造等"1+3"现代产业体系。通过打造电子信息产业联盟、电子信息研究院和电子信息产品检验检测中心等电子信息产业公共服务平台"三驾马车",促进了企业之间的供需对接和协同发展,推动了科技创新和产业高质量发展。实施绿色化"四大工程",从源头上推动了园区产业的绿色化转型和循环经济发展。井冈山经开区在创新科技赋能机制、全面推进电子信息产业绿色化升级等方面的经验可为其他园区绿色化转型提供借鉴。

南昌经开区：
构建三大体系，打造绿色低碳园区

南昌经济技术开发区（以下简称"南昌经开区"）位于南昌市北郊，创建于1992年，2000年被国务院批准为省内首家国家级经济技术开发区。辖区面积307平方公里，常住人口约57万。区内规模以上工业企业292家，高新技术企业238家，年营业收入亿元以上工业企业115家，其中世界500强企业25家，国内500强企业40家，总部在经开区的上市公司7家，形成了以新能源汽车及动力电池、电子信息为首位产业，新材料、装备制造、医药健康、航空运维为主攻产业的"2+4"产业发展体系。

近年来，南昌经开区按照"低碳化、循环化、集约化"的发展理念，一手抓强产业，一手抓兴城市，推动产业结构变"轻"、发展模式变"绿"，努力打造配套完善、宜业宜居的现代产业新城。2022年，实现地区生产总值达780.45亿元，在全国217个国家级经开区中位列第33名。先后荣获国家循环化改造示范园区、国家级绿色低碳示范园区、国家级一体化政务服务创新实践典型示范单位、全国绿色发展最佳实践园区、国家级数字智慧园区等国家级名片。

一、构建绿色发展政策体系，推动园区绿色低碳转型

1.加快完善绿色循环发展政策

南昌经开区在全省率先设立园区绿色发展专项扶持资金，出台促进绿色发

展若干政策措施,涵盖工业节能、建筑节能、资源综合利用、生态环境保护等补贴大类,涉及补贴项目10余项,引导企业践行绿色发展理念。截至2022年底,共20多个项目申报,惠及16家企业。出台土地储备实施暂行办法、城镇低效产业用地再开发等政策规划,通过城市更新、"腾笼换鸟"等方式调整盘活存量、优化增量,先后建成雷公坳文化体育产业园、双港汇创意产业园等一批城镇低效用地再开发项目。制定绿色制造体系建设试点实施方案等政策,推动企业绿色转型发展,先后培育国家级绿色工厂4家。

2.加快完善产业引导政策

制定"一超两倍增,奋进20强"目标实施意见、推进企业上市"映山红行动"、支持企业自主创新和打造区域性标杆园区等政策,进一步聚焦主导产业、加速产业集聚。相关政策坚持"龙头企业—产业链—产业集群—产业基地"发展思路,通过"产业链招商""引智招商""土地招商""平台招商"等手段,先后引进投资200亿元的欣旺达南昌动力电池生产基地和投资100亿元的华创10万吨电解铜箔等重大重点项目。其中,欣旺达南昌项目2022年锂离子电池模组出货量全球排名第一、智能手机电池模组市场占有率全球排名第一。

3.加快完善园区整治提升政策

印发实施生态环境保护"十四五"规划、巩固国家卫生城市创建、餐厨垃圾整治和黑臭水体治理攻坚,以及工业减排、城市扬尘整治、餐饮油烟治理、机动车尾气治理等环境整治提升政策,紧抓源头防范、过程管控、末端治理全过程,加快补齐生态环境短板,高标准打赢污染防治攻坚战。2023年,全区空气质量优良率为92.3%,累计$PM_{2.5}$平均浓度为27.9微克/立方米,西河断面水质达标率为100%。开展区内码头专项整治工作,仅用113天创下南昌市"三个第一":第一个签订非法码头整治搬迁协议,第一个全部签完非法码头整治搬迁协议,第一个启动赣江沿线非法码头全面拆除工作,园区周边环境进一步提升。

二、构建新型能源体系，打造园区能源转型样板

1.大力发展新能源

南昌经开区以推进欣旺达"源网荷储一体化"零碳智慧产业园为抓手，充分利用产业园屋顶资源、周边土地，开发建设分布式光伏发电、集中式光伏发电、分散式风电、配电网及变电设施等，规划构建新型绿色供电体系，解决经开区企业用户绿电需求，打造全市新型储能应用中心。项目总投资约60亿元，建成后预计年营业收入28亿元以上，年产绿电约9.5亿千瓦时，减少燃煤约33.3万吨，年减排二氧化碳约82万吨。建成南昌市固废循环经济产业园生活垃圾焚烧发电等多个生物质发电项目，年处理垃圾量近100万吨，约占南昌市生活垃圾总量的60%。

2.探索能源梯级利用

积极探索废气余热梯级利用，评估新昌电厂、晨鸣纸业等企业高、中、低品位余热资源情况，提出余热梯级利用合理方案。推动新昌电厂建设余热利用项目，将蒸汽输送至欣旺达临港工业园区和华创新材等企业使用，平均供汽量达到35吨/小时，有效解决企业对工业蒸汽的迫切需求，实现能源梯级利用。

3.推动煤电改造升级

推动区内新昌电厂存量燃煤机组实施汽轮机通流改造等多项技术改造，消除存量煤电机组运行期间的安全隐患，大幅降低电厂发电热耗率及煤耗率，煤电机组发电效率达到同类机组的先进水平。改造后年节约标煤量约4.5万吨，减少二氧化碳排放量近12万吨。

三、构建公共服务体系，建立企业服务新生态

1.引入国家级经开区绿色发展联盟，打造绿色低碳发展公共服务平台

南昌经开区创新引入先进绿色低碳公共服务平台，与国家级经开区绿色发

展联盟秘书处共同成立全国第二家eco center——国家级经济技术开发区绿色发展联盟南昌中心,围绕专业培训、技术推广、国际合作等核心职能形成园区与企业间绿色发展沟通的纽带。平台组织园区重点工业企业开展多主题、多类型专业培训活动累计40余场,参会企业达3000余人次,走访调研企业100余家,开展技术对接20余次,有效促成区内企业深度节能挖潜,降本增效。南昌经开区以绿色发展联盟南昌中心为契机,按照省级标准建设的绿创空间,招引华资咨询、江西庆宇实迈环保等多家企业入驻,合力打造区域绿色低碳企业服务平台、绿色低碳产业对接平台。

国家级经开区绿色发展联盟南昌中心

2.建设"生态+循环化+碳能"智慧平台,推动形成数字化治理模式

南昌经开区坚持将绿色作为区域发展底色,建设"生态+循环化+碳能"智慧信息化平台,构建全区能源、双碳、生态环境等"一张图",推动园区企业原材料、产品、废弃物、能源、水资源、碳排放等全范围数据统计、全链条资源管理。智慧平台通过"一张地图看生态""一个数据库观全局""一份档案全周期""一朵智慧云早预告"有效实现园区生态环境保护提效增质、企业间物质循环利用,全方面提高区内能源消费和碳排放监测预警能力,促进协同减污降碳,提升园区绿色低

碳发展智慧化水平。目前,平台已接入210余家企业,并形成季度报送机制,对录入的数十个重点改造项目实行资金与绩效评价管理。

3.建设低碳科技研发平台,做好绿色低碳技术支撑

南昌经开区坚持把科技创新作为推动经济发展的核心动力,依托省林科院、江西财经大学、江西农业大学等区内高校科研院所技术优势,成立了中科生态修复(江西)创新研究院、江西财经大学鄱阳湖生态经济研究院等绿色低碳科技院所,持续强化科技服务。充分发挥大院大所技术研究成果转化、人才合作等方面的作用,加快推进园区绿色低碳发展,打造区域绿色低碳科研新高地。其中,中科生态修复(江西)创新研究院在2022年度完成了9项专利及软件著作权的申报和授权,被省自然资源厅列为第一批绿色矿山省级第三方评估机构,成功申报了省重点研发项目"水稻生长环境系统中信息感知关键技术研究与装备研发"和省03专项5G项目"江西省生态修复监测网络与数据管理系统研发与应用"。

案例启示

南昌经开区加强政策引领,在促进绿色发展方面不断强化政策集成,率先出台绿色发展政策措施,引领带动园区高质量绿色发展。在新型能源产业发展中,探索以"源网荷储一体化"模式,实现清洁能源资源最大化利用的有益尝试。创新性引入国家级经开区绿色发展联盟,打造区域绿色低碳发展公共服务平台,为园区企业绿色转型发展提供有效支撑。南昌经开区推动绿色低碳园区建设的经验可为其他园区提供借鉴。

新余高新区：
聚焦"锂电"首位产业，打造"中国储能谷"

新余高新技术产业开发区（以下简称"新余高新区"）前身为新余市高新技术经济开发区，成立于2001年11月。2006年升级为省级开发区并更名为"江西新余经济开发区"，2009年更名为"江西新余高新技术产业园区"，2010年升级为国家级高新区，定名为"新余高新技术产业开发区"。全区下辖1镇2办事处，常住人口18万人，辖区面积266平方公里，园区规划面积100平方公里。

新余高新区紧紧锚定作为全市工业经济主阵地、招商引资主阵地、改革创新主阵地这三大主阵地的战略定位，在产业升级上出硬招，在扩大对外开放上出真招，在深化改革创新上出实招，2022年实现工业总产值834.85亿元，同比增长8.62%。现有各类工业企业近700家，拥有锂电、光伏、电子信息、智能制造、食品医药五大主导产业，形成锂电新能源、光电新材料、智能制造、食品医药四大产业园，聚集了赣锋锂业、木林森照明、沃格光电、赛维太阳能科技、增鑫科技、东鹏新材料、铭基电子等一大批龙头企业。园区先后获得国家新能源科技城、国家新型工业化产业示范基地、国家级绿色园区、国家外贸转型升级基地等称号。

一、延链补链打造首位产业

近年来，新余高新区提出打造"中国储能谷"战略目标，明确锂电产业为首位产业，全力支持和保障锂电产业发展。政策上，先后出台了支持锂电首位产业发展"30条"、促进企业高质量发展"60条"等,在土地、用电用工、科技创新、融资担保等方面给予政策倾斜,全方位全要素支持和保障锂电产业发展。招引上,聚焦产业链关键环节,挖掘、引进龙头企业上下游资源就地设厂,增强上下游产业链协同,形成了一条以赣锋锂业和东鹏新材料为龙头,以金锂科技、路达新能源、汇亿新能源、炳昶电池科技、高翼电池科技、凯瑞新能源等重点企业为代表的锂电新能源产业链。截至2022年底,新余高新区共有锂电企业25家,其中规模以上工业企业14家、高新技术企业7家、新落户在建企业4家。区内上市公司赣锋锂业锂盐产能约占全球产能的15%、国内产能的25%,是国内最大、全球第二大锂盐供应商和全球最大的金属锂供应商。新余高新区获批全省锂电新材料产业示范基地和国家火炬特色产业基地,已成为全球最大的乘用车锂电池正极原料生产基地。

二、科教赋能提升产业能级

新余市长期以来受经济发展水平、区位条件、生活配套条件等因素限制,高端人才引进难、留住难。园区企业赣锋锂业为了争取领域内顶尖专家的青睐,在给予顶尖专家高管职位、高薪待遇、股权激励的同时,还在异地组建研发团队(宁波成立了"研发飞地"),开展固态锂电池及关键材料产业化技术开发。赣锋锂业"研发飞地"的做法是个大胆又有益的探索,新余高新区及时总结推广该做法,出台《柔性引进人才工程实施办法》,推行"人才+项目+技术""领军人才+创新团队""假日专家"等模式,实行组团引进、一体引进,借力"大腕物色大咖"。事实证明,一系列柔性引才方式是破解内地开发区"引才难、留才难"的有效途径。截至2022年底,全区锂电、光电、纺织、医药、精密仪器等领域的14家"研发飞地",凝聚了各类科研人才418人,其中国家级人才44人、省级领军人才37人;全区人才总数由2018年的34121人增长至2022年的46502人,增长36.3%。

成立"新余锂电市域产教联合体",联合新余市域范围内各本科院校、高职院校、中职院校、行业企业、区域内行业协会和知名教育联合体和机构、培训中心以

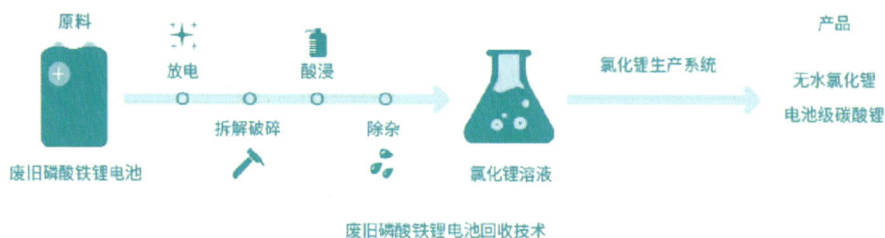

废旧动力蓄电池综合回收利用体系

及其他社会团体,按照平等互利、资源共享、优势互补、共同发展的原则,坚持以教促产、以产助教,深化产教融合、产学合作,以产业园区为基础,打造教育链与产业链的融合平台。目前,新余市拥有各级各类职业教育机构52所,其中万人以上的职业院校就有4所,在校生9万余人,累计输送各级技工人才25万多人,是全国最大的蓝领技术人才培养基地之一。其中,江西新能源科技职业学院等积极探索现代学徒制模式,通过与锂电企业联合招生、联合培养,促进职校生高质量就业,为当地锂电产业输送大批技术人才。

三、综合利用促进产业可持续发展

引进培育江西赣锋、江西华赣等废旧动力蓄电池综合回收利用骨干企业,构建"废旧磷酸铁锂电池—磷酸铁锂—氯化锂""三元废旧电池—铝、铜金属—镍钴锰净化液"回收利用体系,形成废旧锂电池年加工能力超5万吨,废旧动力蓄电池中锂材料的综合回收率达92%以上,镍、钴、锰的综合回收率达98%以上。其中江西赣锋获发明专利6项、实用新型专利5项,承担国家重点研发计划"固废资源化"项目1项,"废旧锂电池因材施策高值清洁回收技术及产业化"项目获2021

年度中国有色金属工业科学技术奖一等奖。通过对废旧动力蓄电池的回收利用,降低了重金属对环境的污染,还可形成锂资源的有效补充。

案例启示

　　新余高新区紧抓新能源产业风口,大力发展锂电首位产业。园区通过政策扶持、招引龙头企业和上下游产业链协同等方式,成功打造了全球最大的乘用车锂电池正极原料生产基地,形成规模庞大的锂电新能源产业链;注重科教赋能,采取柔性引才、联合招生、职校生培养等措施,为当地锂电产业输送大量技术人才;实行综合利用,产生了良好的环境效益和经济效益。新余高新区多方促进锂电产业发展的经验可为园区首位产业绿色发展提供借鉴。

鹰潭高新区：
加速移动物联网产业崛起，开创发展新格局

鹰潭高新技术产业开发区（以下简称"鹰潭高新区"）位于鹰潭市城区西南处，前身为鹰潭市工业园区，2006年获批为省级工业园区，2012年升级为国家高新技术产业开发。园区辖白露科技园、龙岗产业园，辖区面积43平方公里，总人口5万人，现有企业员工2万人，企业600余家。

鹰潭高新区积极抢抓03专项试点示范的历史机遇，坚持以新理念引领、新技术支撑，统筹布局网络建设、平台搭建、应用示范、产业发展，物联网产业实现从无到有、从小到大的华丽蜕变。2022年，鹰潭物联网数字产业主营业务收入突破600亿元，占全省比重近50%，物联网数字产业已经成为鹰潭发展的一张亮丽名片。先后获得国家首批循环化改造示范试点园区、国家级绿色园区、国家新型工业化产业示范基地、国家城乡融合发展试验区、鄱阳湖国家自主创新示范区、国家网络安全"高精尖"技术创新试点示范区、国家移动物联网创新型产业集群试点等称号。

一、夯实移动物联网产业发展基础

一是高标准建设网络基础设施。推动新一代宽带无线移动通信网国家科技重大专项（03专项）成果转移转化试点示范基地落户，在全市建成NB-IoT基站1099个、eMTC基站962个、5G基站突破1000个，移动物联网网络覆盖密度、质量

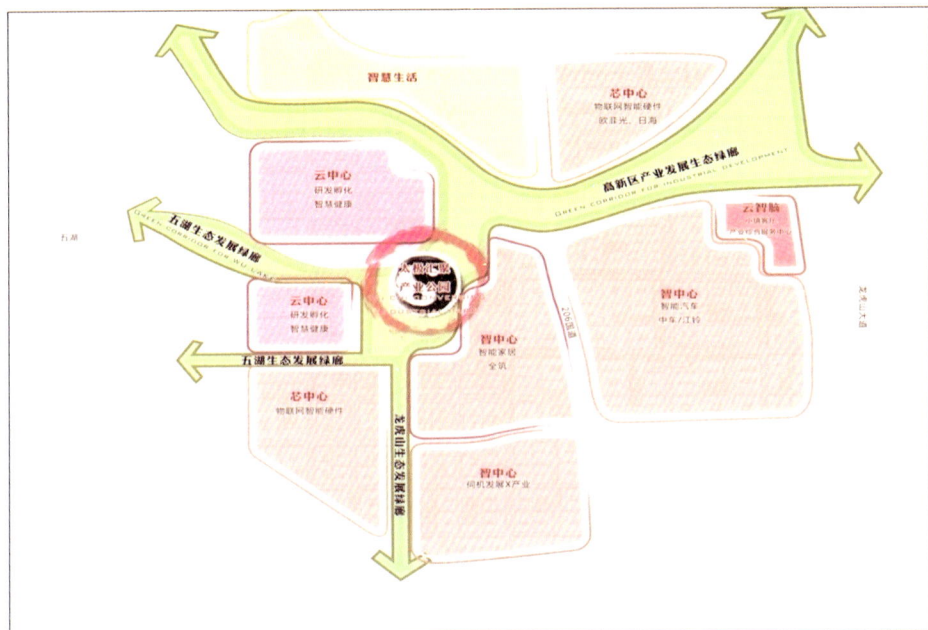

鹰潭高新区移动物联网产业园产业分布图

全国领先,为鹰潭高新区移动物联网产业发展提供了网络基础保障和各领域智能场景的应用需求。

二是高标准建设产业园区。依托现有移动物联网总体结构,聚焦未来发展及市场需求,充分考虑环境资源承载力、工业用地规划及研发生产基础,立足长远、瞄准高端,重点打造产业数字化、智能化治理以及智慧化生活三大板块,高标准创建移动物联网产业园,强化辐射带动作用,构筑开放型空间发展新格局。鹰潭高新区移动物联网产业园成功获批省级产业园和省级大众创业万众创新示范基地。

三是高标准打造智联小镇。全力打造11平方公里集"智、产、旅、居、未来"五位一体的智联小镇,建设35万平方米的小镇客厅及配套公寓、35万平方米标准厂房及定制厂房、1.5万平方米移动物联网创新创业孵化基地及1公里智创街区,将智联小镇建设成为智慧园区数据中心、运营管理中心、成果展示体验中心,成为园区大脑中枢和物联网产业办公、研发、成果展示聚集地。目前,鹰潭高新区已构建起"研发总部+孵化基地+专业园区+展示体验区"的一站式物联网产业格局,实现物联网产业技术创新、产品研发、标准检测、商业应用全配套。

二、加快移动物联网平台建设

一是大力发展公共服务平台。建成鹰潭泰尔物联网研究中心、智慧云测物联网安全检测中心、叠嘉信息存储、江西八戒创新资源、北航鹰潭研究院等一批集产品研发、测试认证、数据存储、成果转化、科技金融服务为一体的公共服务平台。鹰潭高新区已经成为全省移动物联网产业服务平台配套最全的园区,可为集群物联网企业提供技术转化应用和进入商用市场的全链配套服务。截至目前,鹰潭高新区有各类物联网平台35个,其中国家级平台7个、省级平台25个。

二是大力完善成果转化平台。持续深化与中国信通院、北京航空航天大学等科研机构和高等院校的科技合作,发展了一批高水平的移动物联网技术转移中心和技术应用交流平台。积极推动中国信通院泰尔物联网研究中心、猪八戒科转中心、智慧云测物联网安全检测中心等科创平台,以及叠嘉科技数据存储中心与产业发展紧密结合,全力支持北航鹰潭研究院和智慧云测同德国CTC机构合资成立的EMVCo检测实验室建设,构建完善的平台服务物联网产业发展生态链,让平台优势有效转化为产业集群发展优势。

三是大力构建网络安全体系。网络信息安全是物联网产业核心技术的关键一环。鹰潭高新区在获批网络安全"高精尖"技术创新试点示范区基础上,依托示范区平台建设,推动网络安全核心技术创新,特别是加强对工业互联网、人工智能、大数据等新技术应用领域安全技术研究,构建多层次的网络安全技术保障体系,推进实现政府部门、科研机构、运营单位、厂商和安全企业等各方之间的网络信息安全共享。

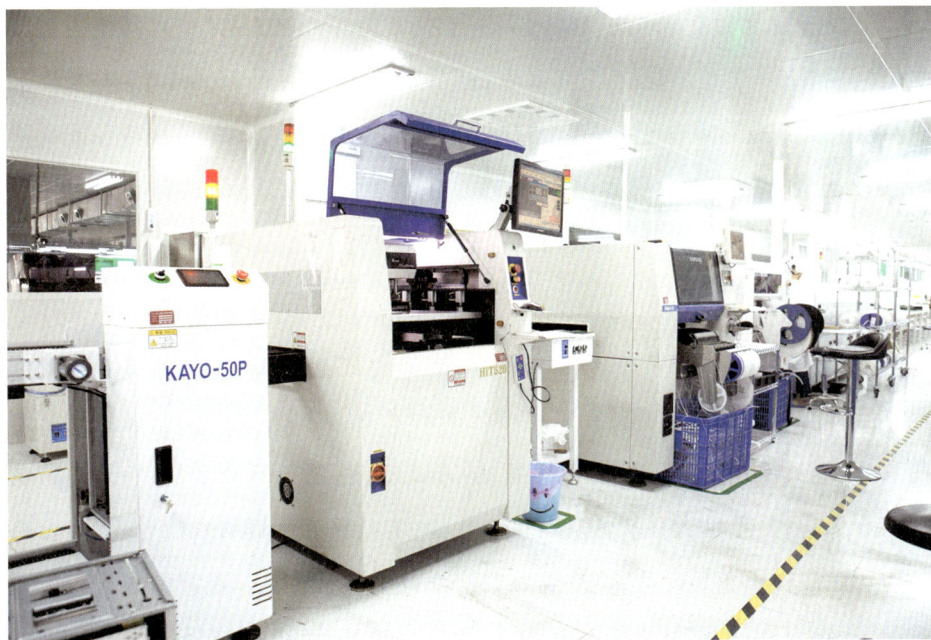

三川智慧物联网水表生产线

三、推动移动物联网产业集群发展

一是健全移动物联网发展政策体系。为加快培育发展物联网产业,鹰潭高新区先后出台了加大政策扶持打造移动物联网小镇智创街区的实施办法、加快推进物联网创新创业工程的实施细则、移动物联网产业园创新券管理暂行办法、工业企业依托移动物联网技术实施智能化改造奖励资金管理暂行办法等系列产业发展扶持政策,为打造特色鲜明的物联网产业集聚地,营造良好的物联网产业生态。

二是推动移动物联网全链条发展。针对物联网生产制造型、研发集成和技术服务型、平台运营和云服务型三大类企业,制定了固定资产投入、纳税奖励、生产要素、科技创新、推广应用五大政策措施,聚集物联网企业200多家,成功引进弘信电子、广州赛特、智慧云测、叠嘉信息、海南工控等产业链上下游关键项目,实现孵化研发、产业导入、示范应用、安全检测的物联网产业链全链条发展。

三是引导传统企业运用物联网实施技术改造。三川智慧从生产传统机械式水表转向NB-IoT超声波物联网水表,产品远销澳大利亚、安哥拉等国家和地区。众鑫成铜业建成基于NB-IoT的铜加工智能制造车间,实现单位产品能耗降低10%、合格率提高3%、年产量提升5%。截至2022年底,全区共有43家规模以上企业实施物联网改造,占规模以上企业总数的32.8%。

案例启示

鹰潭高新区主打移动物联网战略性新兴产业,不断夯实移动物联网产业发展基础,积极构建"研发总部+孵化基地+专业园区+展示体验区"的一站式物联网产业格局;大力推进移动物联网平台建设,有效提升集群创新能力;全力推动移动物联网产业集群发展,实现物联网产业链全链条发展。鹰潭高新区从产业基础、创新能力、集群链条等方面发力,加速推进移动物联网产业发展的做法可为其他园区促进产业高质量发展提供借鉴。

南昌小蓝经开区：推动园区数字化、绿色化、高端化升级，助力产业转型发展

南昌小蓝经济技术开发区（以下简称"南昌小蓝经开区"）位于"全国百强县"南昌县境内，成立于2002年，2006年成为省级开发区，2012年升级为国家级开发区。园区核心区建成面积33平方公里，规划拓展区面积120平方公里。

南昌小蓝经开区紧紧围绕"一枢纽四中心"发展定位和"两个大幅提升"目标要求，深入实施强省会战略，大力发展实体经济，围绕"3+3+N"产业体系，加快发展五大千亿产业集群，构建现代化产业体系，打造县域经济发展的昌南模式。围绕汽车和新能源汽车、绿色食品、生物医药等三大支柱产业和集成电路、智能装备制造、新材料新能源等三大新兴产业，下设向塘物流园、武阳装配式建筑产业园、南新滨江工业集中园、千亿建筑科技产业园等四个配套工业园和一个滨江商务科创中心。2022年，南昌小蓝经开区实现工业营业收入1043.71亿元，综合实力继续保持全省第一方阵。先后荣获国家外贸转型升级基地、国家县城产业转型升级示范园区等称号。

一、产业数字化

南昌小蓝经开区围绕省委、省政府做优做强数字经济"一号发展工程"重大部署，以"数字产业化、产业数字化、数字化治理"为主线，切实把发展数字经济作为全区转型升级的重要抓手，取得明显成效。

数字产业化方面，聚焦智能网联汽车、智慧物流、智能制造、VR硬件产业等

江铃股份整车智能制造车间

主攻方向,推动数字产业化成为实体经济新的增长点。产业数字化方面,通过产业数字化提升园区汽车和新能源汽车、绿色食品、生物医药等传统三大产业的竞争力,推动产业链、创新链、供应链融合应用,实现资源要素的高效配置和经济社会的高效协同。深化同华为、联通等头部数字企业的合作,滚动实施新一轮数字化改造项目,引导汽车等传统企业数字化转型。南昌小蓝经开区与华为技术合作共建华为(江西)智能网联汽车产业创新中心,联合打造智能网联汽车产业创新和产业数字化高地。数字化治理方面,园区利用物联网、新一代宽带无线移动通信技术建设"智慧小蓝"平台。该平台可通过智慧安监、智慧环保、智慧工地、经济运行等模块提高园区感知、监测、分析、预警、指挥调度的能力,加快推进园区治理体系现代化。

二、能源绿色化

南昌小蓝经开区大力推广新能源,探索集中供热新模式,推动园区绿色、循环、低碳发展。一是大力推动屋顶光伏发电项目建设。出台南昌小蓝经济技术开发区屋顶光伏发电建设方案，积极推动符合条件的企业加快屋顶光伏建设，重点推进江铃晶马、五十铃发动机、华翔汽车等总装机容量72.6MW的30个屋顶光伏发电项目的建设。预计到2023年底，南昌小蓝经开区厂房屋顶光伏发电覆盖率达60%。二是积极探索集中供热新模式。园区引进的铂锐能源热电联产项目是南昌市首个公用热电联产项目，具有能源综合利用效率高、节能环保等优势。通过集中供热，园区淘汰分散供热燃煤锅炉113台，拆除烟囱70余座，企业节能降碳效果显著。

三、技术高端化

为加大创新要素供给，南昌小蓝经开区把创新平台作为创新生态系统的重要组成部分，围绕产业链部署创新链，推动高端创新资源精准服务产业发展；围绕创新链布局产业链，实现创新成果快速转化，推动产业结构优化升级，为经济高质量发展提供强大动力。近几年，南昌小蓝经开区围绕三大主导产业，提前部署建设创新平台，中科院苏州纳米所南昌研究院、南昌大学国际食品创新研究院、同济大学南昌汽车创新研究院、哈工大机器人南昌智能制造研究院、江西省智能产业技术创新研究院等创新平台先后落户，在精准高效服务当地主导产业方面，发挥着越来越重要的作用。截至2022年底，南昌小蓝经开区拥有国家级创新平台5个、省级科研平台51个、市级科技创新平台54个。

案例启示

南昌小蓝经开区通过发展数字经济，推动产业转型升级，实现产业数字化；通过加快屋顶光伏发电项目、集中供热项目建设，推动园区能源绿色化；围绕产业链部署创新链，围绕创新链布局产业链力促技术高端化。南昌小蓝经开区在产业与技术升级、能源利用等方面推动园区产业升级转型的经验可为园区绿色发展提供借鉴。

吉安高新区：打造"产城融合、
产业集聚、生态文明"的新型工业城

吉安高新技术产业开发区（以下简称"吉安高新区"）地处著名将军县——吉安市吉安县，位于吉泰走廊核心区域。1993年以乡镇工业小区起步，2001年更名为"吉安县工业园"，2006年被省人民政府批准设立为省级开发区，并更名为"江西吉安工业园区"，2013年经省政府批准更名为"吉安高新技术产业开发区"，2015年9月经国务院正式批复升级为国家级高新技术产业开发区。

近年来，吉安高新区聚焦产业集聚、环境集成、要素集约，加快产业结构调整，持续壮大电子信息首位产业，协同发展绿色食品、新能源新材料、装备制造三大主导产业，倾力建设绿色园区，绿色发展步伐铿锵有力。先后获国家级绿色园区、国家自主创新示范区、省级循环化改造示范园区、省级碳达峰试点园区、江西省产业经济"十百千亿工程"突出贡献奖、江西省十大最具价值投资工业园区等称号。

一、推动产业集聚发展

吉安高新区紧紧围绕打造"产城融合、产业集聚、生态文明"的新型工业城目标，实施工业强区、生态兴园战略，做强电子信息首位产业。电子信息产业呈现龙头企业带动、多点支撑、由"点"到"圈"的蓬勃发展之势，已形成以数字视听、连接器件产业集群为核心，电子元器件产业为补板，光电显示产业集群为延伸的产业链发展模式,产业生态圈效应逐渐明晰。电子信息产业集群被列入省"满园扩园"重点产业集群,获得省新型工业化产业基地称号,2022年营业收入达559.8亿元,同比增长12%。

吉安高新区做优绿色食品、新能源新材料、装备制造三大主导产业。绿色食品产业充分利用吉安本地丰富的绿色农产品资源,形成了区域明显、精深加工优

吉安高新区产业集群布局图

势突出的产业布局,涌现出娃哈哈、燕京啤酒、锅丰米业等一批龙头企业,"市场牵龙头、龙头带基地、基地连农户"的产业化经营格局基本形成。新能源新材料产业入驻企业主要有鑫泰科技、力莱新能源、建巢远大、安派车业等,不断引导中小企业向"专、精、特、新"方向发展。装备制造产业结合产业基础及未来智能制造发展趋势,着力打造中部地区重要的智能制造装备产业集聚区,以及智能装备生产、应用与服务中心。

二、推动环境集成管理

把好入园项目环境准入关,严禁高污染及重化工项目入园,入园企业严格落实环评制度。加快完善污染物排放总量控制制度,加强二氧化硫、氮氧化物、PM$_{2.5}$等主要大气污染物的联防联治。加强企业内部的废水处理能力,提高中水回用水平。2022年,园区水重复利用率达到92.5%,荣获省节水标杆园区。加强固体废弃物循环利用和无害化处置合作,探索共建城市固体废弃物再生利用处理基地等区域性的专业分拣中心。积极引导企业建立健全环境管理制度,全面推进ISO14000环境管理体系认证,对通过ISO14001认证企业在环保补助、贷款和贴息等方面予以支持。加强环境准入与管理合作,探索逐步统一区域内工业项目、建设项目环境准入和主要污染物排放标准,实现园区的社会发布污染物来源信息及重点监管企业名单互通与共享。建立健全环保应急联动机制和突发环境事件快速通报机制,共同应对和处理园区突发性环境事件及污染纠纷。加快绿色循环改造和自愿性清洁生产审核,鼓励重点企业积极申报绿色工厂和绿色供应链项目。立讯智造获批国家级绿色工厂,博硕科技、鑫泰科技获批省级绿色工厂。推进清洁生产自愿性审核,目前已有13户企业通过了自愿性清洁生产审核。

三、推动要素集约利用

强化土地集约利用,严格按照用地准入指标,提高土地利用率。鼓励工业用地节约,倡导建设多层厂房,合理布局工业园区绿化用地。园区新建工业项目供地量与投资额、产出效益、建筑密度、容积率等指标挂钩,提高单位土地投资强度。加快低效用地处置,对已开发土地实施腾笼换鸟盘活用地,对存量土地低效或淘汰企业用地采取"动迁回购""拍卖回购""协议回购"等措施予以腾退。严格按照"集约高效"原则,根据用途最佳、效率最高、效益最大的原则统筹安排各类建设用地,引导和规范土地市场健康有序发展。坚持把"科技含量、投资总量、税收数量、就业容量、环保达标、能源消耗"作为项目引进的评判标准,严格项目环评审批制度,加速淘汰"两高一低"企业,资源产出、资源消耗、资源综合利用等指标进一步提高。

案例启示

吉安高新区聚焦产业集聚,做强电子信息首位产业,做优绿色食品、新能源新材料、装备制造三大主导产业,建立了绿色产业生态系统;聚焦环境集成,持续推进大气污染治理、中水回用和固废循环利用等工作,改善了环境质量;聚焦要素集约利用,提高土地等资源利用效率,提升绿色发展水平。吉安高新区有效推动园区产业生态化,清洁、高效发展的做法可为园区绿色发展提供借鉴。

上饶经开区：推进"两化"深度融合，促进"两光一车"产业低碳转型

上饶经济技术开发区（以下简称"上饶经开区"）位于上饶市中心城区西部，始建于2001年，2010年11月获批国家级经济技术开发区。总面积207平方公里，其中规划建设面积104平方公里，已建在建面积46平方公里，总人口14万余人。现有注册企业3000余家，其中工业企业443家、规模以上企业345家、高新技术企业157家。

上饶经开区坚持统筹、整体推进，在加速新型工业化方面持续发力，推动光伏新能源、新能源锂电、新光电产业等现代化产业体系加速发展。在企业培育、科技创新等工作上下功夫，不断推动产业链与创新链深度融合，将绿色发展理念贯穿园区建设的全过程、全方位。先后荣获国家光伏高新技术产业化基地、国家光学高新技术产业化基地、国家新能源汽车高新技术产业化基地、国家级绿色园区、国家级水效领跑者、省级碳达峰试点等称号。

一、倡导绿色招商，加速产业低碳转型

上饶经开区通过倡导绿色招商，以"两光一车"三大主导产业为招商重点，侧重于投资体量大、科技含量高、辐射带动强、产出效益好的清洁生产型项目，成功构建起"高纯硅材料→铸锭→拉晶→切片→光伏电池→光伏组件→光伏电站、各种光伏应用系统→信息服务→废旧光伏产品回收再利用"的光伏循环经济产业

上饶经开区"两光一车"产业

链,"光学玻璃→镜片→镜头→部件→整机"的光学产业链,"研发设计→汽车零配件→汽车整车、新能源汽车→汽配、五金市场→信息服务→动力电池、零部件产品回收再利用"的汽车循环经济产业链,全面推动产业高质量发展。目前,上饶经开区已形成以晶科能源为龙头的光伏产业,构建了除硅料生产外的完整产业链;以凤凰光学为龙头的光学产业,集聚了130余家光学中小微企业;以汉腾汽车、中汽瑞华、博能客车、爱驰、长安跨越、吉利等6个整车项目为龙头的汽车产业,集聚了1个发动机厂、69家汽车零部件企业。

二、提升智慧管理手段,加速数字智能应用

围绕制造业数字化、网络化、智能化,着力推进企业、行业、区域"两化"深度

融合,以信息化带动工业化、以工业化促进信息化。"两化"融合成为产业结构调整、经济发展方式转变的重要抓手。晶科能源、致远环保、捷泰新能源、弋阳海螺、安驰新能源、凤凰光学等6家企业被列入2021年江西省制造业领航企业培育库入库名单;凤凰光学、捷泰新能源、江西吉利新能源商用车等3家企业获评2021年省级智能制造标杆企业。上饶经开区基于三维GIS实现管网可视化管理,建成公共(云计算)数据中心、智慧环保、智慧建管、智慧公安系统、智慧安商云、智慧政务云、智赣119消防物联网大数据应用平台及智能能源设施,通过智慧表具对用电、用水、燃气等能源资源使用情况的信息进行采集和监控,提升园区智慧化管理水平。

三、依托光伏产业优势,加速清洁能源发展

依托上饶经开区已有的完整光伏产业链,以晶科能源、捷泰新能源、彩虹光伏玻璃、海优威胶膜等光伏产业龙头企业为支撑,加快光伏发电基础设施建设。坚持节约集约用地导向,充分利用开发区、标准厂房、大型公共建筑屋顶发展分布式光伏发电项目,创新"光伏+"模式。截至2022年底,上饶经开区已建成屋顶光伏项目41个,装机容量共计101.72MW,屋顶光伏发电覆盖率约达35%。

案例启示

上饶经开区以绿色发展为理念,积极推进产业低碳转型,加速清洁能源发展和数字智能应用。通过倡导绿色招商,构建完整"两光一车"产业链;依托已有的光伏产业链,加快光伏发电基础设施建设,利用开发区、标准厂房、大型公共建筑屋顶发展分布式光伏发电;持续提升智慧管理手段,建设"上饶经开区智慧园区",实现园区智慧化管理。上饶经开区以绿色招商、清洁能源和智慧管理为支撑,推动"两光一车"产业低碳转型的做法可为其他园区绿色低碳循环发展提供借鉴。

南昌高新区：
统筹三个布局，建设生态科技新城

    南昌国家高新技术产业开发区（以下简称"南昌高新区"）地处南昌城东，区域面积286平方公里，已开发产业区域面积约70平方公里，下辖昌东镇、麻丘镇、艾溪湖管理处、鲤鱼洲管理处，辖区人口56万人。南昌高新区于1991年3月创建，1992年11月被国务院批准为国家级高新区，是江西省首家国家级高新区。

    南昌高新区明确"挺进全国二十强、打造万亿高新区"的总目标和"三区一城"发展定位。围绕巩固高新区作为鄱阳湖自主创新示范区"头雁"地位，策应赣江两岸科创大走廊战略布局，立足现有基础条件，从规划入手，充分发挥自身优势，打造"一区四高地"，分别是全省创新驱动高质量发展龙头引领区、全省高端科技创新人才集聚高地、全省原创前沿技术研发高地、中部数字经济创新发展高地、全国产业链创新链融合发展高地。区内现有规模工业企业221家，世界500强、中国500强和民营企业500强总计23家，总部在高新区的上市公司18家。2022年实现地区生产总值1010.24亿元，成为全省首个GDP千亿级开发区。已基本形成"2+2+N"产业布局结构，其中"2+2"主导产业主要包括电子信息、新材料、医药健康、航空制造等四大主导产业，"N"主要包括数字经济、装备制造、现代服务业等行业。南昌高新区是江西省战略性新兴产业的龙头带动区、科技创新的示范引领区、绿色崛起的样板先行区以及全国一流的"产业、科技、城市、生态"四位一体的现代化生态科技新城。先后获得国家新型城镇化综合试点、国家生态工业示范园、低碳中国突出贡献园区、中国绿化先进单位、国家低碳工业园区试点、国家园区循环化改造示范试点、国家级绿色园区等称号。

一、构建绿色低碳空间布局

1.规划圈层式空间

南昌高新区从空间形态入手,对瑶湖生态科技城进行概念性规划和整体形象设计,以瑶湖为中心,打造圈层式产业新城空间形态。第一层为临瑶湖100—500米区域,规划为环湖生态景观及休闲区。第二层为近湖区域,重点布局研发、总部产业。第三层为远湖区域,规划为商业配套设施、人才公寓、体育运动中心等。第四层为外围区域,规划布局战略性新兴产业,重点打造电子信息、新材料、医药健康、航空制造、新一代信息技术等专业产业园区。

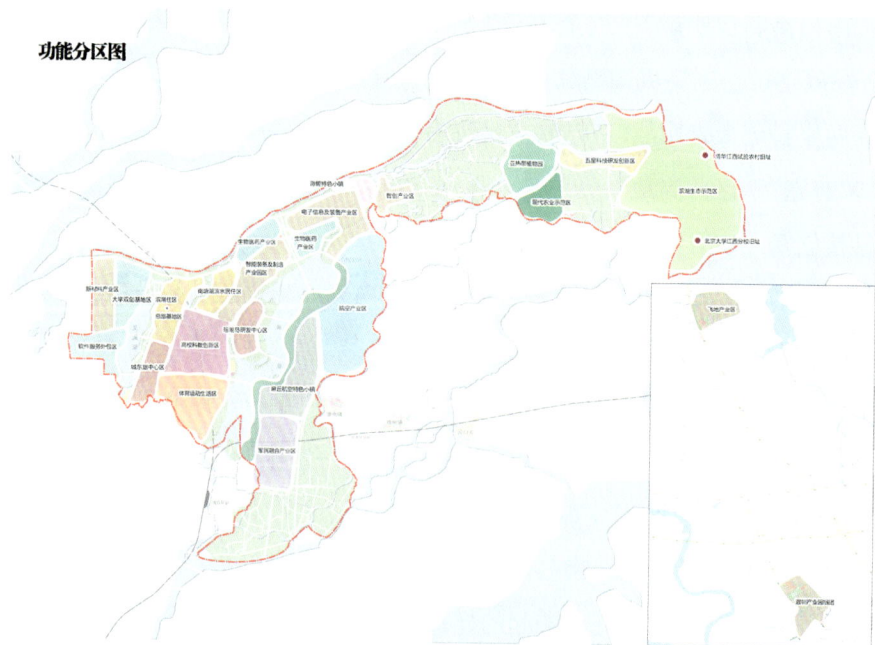

南昌高新区功能分区图

2.优化产业空间

南昌高新区从优化空间布局、提升产业整体竞争力角度出发,对园区现有重点产业集群予以合理规划。艾溪湖以西片区重点布局新材料产业及新一代信息技术产业,昌东大道和紫阳大道沿线布局特色商业街区,瑶湖以东航空路片区重点布局航空产业,艾溪湖以东、天祥大道以北片区重点布局电子信息产业、医药健康产业及智能装备制造产业。

3.融合产城空间

在圈层式空间布局和产业空间布局的引领下,打造产城融合、宜居宜业的生态科技新城,构建"出门见景"人居空间。鱼尾洲公园获得 AZ Awards 2022 年度最佳景观设计大奖,成为"网红打卡地";高起点建设 18 平方公里的瑶湖郊野森林公园,被市民誉为南昌的"马尔代夫";高标准推进生态建设,依托丰富的湖泊资源建设了 2600 亩艾溪湖湿地公园,打造了 15 公里长的全省第一条示范性样板绿道——环艾溪湖绿道;临近鄱阳湖的五星白鹤保护小区被誉为"全世界离白鹤最近的地方"。

二、完善绿色低碳产业布局

1.大力发展电子信息产业链

促进电子信息产业与制造业有机结合和互动发展。LED 产业已形成了从 MOCVD 制造、LED 硅衬底、外延片、芯片制造、芯片封装,再到 LED 显示屏、LED 灯具等研发与制造一体的完整产业链。手机产业已形成了芯片设计、芯片制造、电容式触摸屏、背光源、生物识别模组、耳机、液态镜头、手机智能终端通信的完整产业链。

2.推进建设航空制造产业链

抓住南昌国家航空高技术产业基地建设的机遇,全力推进南昌航空城建设,重点在航空材料、材料加工、零部件、机载设备、航空服务等方面,打造集技术研究、型号研制、销售、航空培训、使用、维护保障一体的航空产业链。以大飞机大部件研发与制造为重点,以先进教练机、通用飞机、机载设备和航空材料研制与开发、航空转包生产为支撑,积极推动并完成洪都集团重大项目发展规划,推进大飞机大部件研发与制造、机场建设等重大项目顺利实施。

3.建立健全有色金属精深加工循环经济产业链

重点依托南昌科勒、前泽给装等企业将生产过程中产生的铜屑、铜渣出售给配套上游原材料供应商,实现园区废物内部消化。依托江西纳米克热电电子,生产高性能热电半导体致冷器件和热电半导体发电应用产品。以百利刀具和江钨浩运储氢合金粉项目为核心,建立完善钨、锑等稀有金属深加工产业发展壮大相关配套体系,构建钨丝、钨粉–碳化钨精密刀具、合金等稀有金属深加工产业链。

三、推动园区碳达峰布局

南昌高新区以低碳工业园和碳达峰试点建设为契机,提出并实施碳达峰行动路线图,以"一个目标、五大领域、N个措施"科学系统推进碳减排,努力成为全国绿色发展减污降碳样板区。

1.产业减碳

加快传统产业提升改造,积极支持园区企业实施技改投资项目。适度增加财政投入,创新财政资金支持方式,对重点改造项目给予优先支持。以智能制造为导向,推动企业利用先进智能装备进行技术改造,引导企业逐步从单机改造向整线改造提升。深入开展新一轮落后产能淘汰行动,每年精准核定一批高耗低效企业清单,按照"改造提升一批、回收流转一批、兼并重组一批、关停淘汰一批"的方式,制定实施"一企一策"整治提升方案,分类整治、挂图作战、限时销号。

2.生态固碳

提升生态系统碳汇能力,积极谋划生态增汇工程,将生态碳汇目标纳入全区绿地总体规划布局,以"艾溪湖、瑶湖、鱼尾洲公园"为核心,谋划一批绿色生态工程,高标准构建南昌高新区生态碳汇网络。发挥"一江相临、四湖相间"的独特生态优势,大力推进湿地公园以及环湖绿道建设,推动形成人水相依、城水相融的生态格局。

3.能源降碳

加快能源消费清洁低碳转型,新建项目禁止配套建设自备燃煤电站,新、改、扩建项目实施煤炭减量替代,鼓励燃煤热电企业实施天然气改造,到2025年,园区所有燃煤锅炉完成"煤改气"或逐渐淘汰任务。全面推进企业分布式光伏建设,推动年综合能耗5000吨标准煤以上且具备光伏发电条件的重点用能企业建设分布式光伏发电系统,引导新建年综合能耗1000吨标准煤以上的工业企业或3000平方米以上的工商业和公共建筑,按照光伏建筑一体化要求进行设计和建设。

4.数字控碳

全面提升园区数字化管理能力,通过增加能碳数据监测设备与功能模块,建立园区各行业/企业双碳数据库、统计分析系统、业务管理系统,利用信息化手段对园区企业能耗、用电量、用水量、污染物排放量等核心数据进行实时监测采集推进园区企业智能化升级,依托华为(南昌)工业互联网中心和中国信通院江西研究院在数字化转型领域的技术优势及经验,对一批重点企业进行数字化改造,"5G+智慧工厂"项目占全市项目库总数近30%,总数全市第一。

5.基建低碳

园区内新建建筑全部采取装配式建造方式,全面推广钢结构住宅。推广绿色建材应用,严格落实江西省建设领域的限制、禁止类产品要求。推动高星级绿色建筑规模化发展,以科学岛等重点区域为引领示范区,将高星级绿色建筑建设标准要求列入重点区域建设发展各层次规划,强化源头管控。大力推进既有居住建筑和公共建筑的节能改造,提升能源利用效率。到2025年,新建建筑中星级绿色建筑占比56%,装配式建筑占比30%。到2030年,新建建筑中星级绿色建筑占比58%,装配式建筑占比35%。

案例启示

南昌高新区采用圈层式规划理念构建绿色低碳空间布局,科学布局园区内景观、产业、办公、生活等区域,打造产城融合、宜居宜业的生态科技新城。完善绿色低碳产业布局,延伸电子信息、航空制造、有色金属精深加工等产业链,实现产业链和价值链的提升。推动园区碳达峰布局,开展低碳工业园建设和碳达峰试点建设,从产业、生态、能源、数字、基建等五大领域科学系统推进碳减排。南昌高新区统筹规划布局,坚持绿色发展,建设生态科技新城的经验可为园区绿色发展提供借鉴。

宜春经开区：践行绿色发展理念，深化绿色园区建设

宜春经济技术开发区（以下简称"宜春经开区"）于2003年9月规划建设，2006年5月被批准为省级开发区，2013年1月获批国家级经济技术开发区。

近年来，宜春经开区抢抓碳达峰碳中和发展机遇，大力发展锂电新能源等战略性新兴产业，加速打造国家级新能源重要集聚区。在坚定不移推进新型工业化的同时，宜春经开区始终坚持绿色发展理念，从能源结构绿色化、资源利用绿色化、基础设施绿色化、主导产业绿色化、生态环境绿色化、运营管理绿色化等六个方面不断推进绿色园区建设。先后获评国家锂电新能源高新技术产业化基地、国家级绿色园区、省级清洁化生产试点园区、省级循环化改造试点园区、全省战略性新兴产业集聚区、全省首批十个生态工业园区试点单位等称号。

一、坚持链式思维，加速新能源产业集聚

宜春经开区以"链式思维"推动锂电产业发展，主动对接宁德时代、国轩高科、合众汽车等锂电头部企业需求，详细绘制"四图五清单"，按图索骥、主动出击，江西正拓新能源科技、宜春天赐高新材料、明冠新材料、宜春市科陆储能技术等一批"产业链"项目加速聚集，形成了从锂资源—锂材料—动力电池—锂电应用—锂电池回收的锂电全生命周期产业链。截至2023年，落户锂电企业100多家，产业集聚效应不断增强。2022年，园区实现工业营业收入469.3亿元，全区

工业增加值增幅列全省园区第1位,其中锂电新能源产业实现规模以上营业收入341.5亿元,占规模以上工业总量比重74.6%。

二、坚持能源转型,优化用能结构

大力推广清洁生产技术、工艺和设备,依法淘汰落后工艺技术,加快"两高一低"企业退出。停止审批新建燃煤锅炉,依法依规推动燃煤小锅炉改造和淘汰,鼓励企业"煤改气""煤改电",并对企业"煤改电"进行补贴。目前园区企业用能主要为电力、天然气和热力。深入推进园区循环化改造,大力推进园区集中供热项目建设,积极引入江西宜春京能热电有限责任公司集中蒸汽供热。目前,京能热电已为园区28家重点企业供热。加强开发区内太阳能资源普查评估和科学规划,摸排出可利用屋顶面积99万平方米,加快推进光伏建筑一体化(BIPV)项目建设,结合电网布局和电网改造升级,有序推进开发区屋顶光伏试点,大力开发光伏智能运维设备。2022年,园区内分布式光伏装机总量达28MW。宜春绿色动力生活垃圾焚烧发电项目利用回收余热发电,年发电量达1.472亿千瓦时。

三、坚持数智融合,精细生产流程管理

积极引育壮大工业互联网平台,推动企业研发、生产、销售、管理等关键环节融合,全面提升制造业数字化、网络化和智能化水平。一大批企业在智能制造扶持政策的引导下,实现了全流程信息化、数据化管理,有效推动传统产业向绿色化、智能化、精细化转型升级。如,苏强格液压采用智能自动化新技术新工艺,实现产品制造从人工组装向智能一体化机器制造转变,产品及物料的仓储、运输全智能信息化管理,降低生产电耗、减少原材料使用与物料运输损耗,实现智能化、绿色化高效发展。2022年,园区实现数字经济核心产业规模以上营业收入251.4亿元,同比增长309%,总量和增幅均列全市第1位。

四、坚持绿色监管,强化污染防治管理

积极开展环境管理制度建设,鼓励和支持园区内企业建立并运行环境管理

宜春经开区苏强格压智能自动化

体系。建立污染源实时监控企业污染物排放和能源利用。扎实做好污染防治、环境监察、环评审批等重点工作,全面推进污染防治。在水污染防治方面,通过对园区污水管网设施以及辖区内重点涉水企业雨污管网问题进行摸底排查,要求重点涉水企业开展管网可视化改造,鼓励采取循环用水、一水多用、清洁废水回用等措施。截至2022年末,园区已有54家企业获得环境管理体系认证证书,园区$PM_{2.5}$浓度为27微克每立方米,优良天数比例为96.7%,断面平均水质达到Ⅳ类水质标准,污染耕地、污染地块安全利用率均达100%。

案例启示

　　宜春经开区抢抓"双碳"战略机遇,积极构建新能源产业链,加速打造国家级新能源重要集聚区。优化能源结构,加快推动园区清洁能源替代及光伏发电项目建设。持续引导制造业智能化改造数字化转型,并积极开展环境管理,加强防污治污工作。宜春经开区链式发展新能源产业、加速清洁能源替代、数智化转型和环境治理等方面的经验可为绿色园区建设提供借鉴。

赣州经开区：
打造"2+N"低碳产业体系，创建低碳园区

赣州经济技术开发区（以下简称"赣州经开区"）位于赣州市中心城区西北部，成立于1990年，2010年被批准为国家级经济技术开发区，代管6个乡（镇、街道、管理处）和1个综合保税区、1个高铁新区，总面积228平方公里，建成区面积53平方公里，总人口38万。赣州经开区是江西省唯一同时拥有高铁站、国际机场、高速公路、快速路、公路港的国家级开发区。

近年来，赣州经开区坚持绿色发展，持续加快工业产业结构调整步伐，推动全区产业结构与能源结构绿色低碳转型。其中，以钨和稀土新材料、电子信息等传统行业为突破口，引导企业实施节能、低碳、绿色化改造，积极参与绿色产品、绿色标准、绿色体系、绿色工厂的申报和创建工作。在2022年全国国家级开发区综合考评中，排名第31位。先后获国家外贸转型升级基地、中国经济营商环境十大创新示范区、中国经济十大最具投资价值开发区、国家级绿色园区等称号。

一、加速构建低碳产业生态

近年来，赣州经开区凝心聚力发展新能源汽车、电子信息双首位产业，协同发展稀土和钨后端应用、新材料、数字经济、区块链赋能和粮谷深加工等N个硬科技核心领域优势产业，初步构建"2+N"低碳产业体系，形成良好产业基础。

高起点规划建设总面积达35.2平方公里的新能源科技城作为发展新能源汽车的主阵地。截至2022年底，已聚集新能源及关键零部件企业120余家，其中规模以上企业48家，实现主营业务收入260亿元，同比增速45%。整车方面，已建成投产国机智骏、凯马汽车、中电汽车等3家整车企业，年产能30万辆整车。动力电池方面，已落户吉利（赣州）42GWh动力电池、孚能科技5.5GWh动力电池、亿鹏能源6GWh动力电池等项目，其中总投资300亿元的吉利动力电池项目是赣州市近年来单体投资最大的工业项目。电机电控项目方面，主要有金力永磁、东磁、富尔特等项目，金力永磁连续三年产值保持30%以上增速，是世界单体最大的钕铁硼生产工厂，成为赣州市第一家、全省第三家"A+H"上市企业，也是全球高性能稀土永磁材料行业"A+H"第一股。同时，还拥有英华利汽车内饰、瑞富特负极材料、洪荒之力新能源汽车零部件产业园、力博汽车零部件等一批汽车零部件配套企业。

以智能终端、新型显示、IC设计及封测、汽车电子等为主攻方向，持续做强"芯、屏、端、网、器"电子信息产业体系，促进产业链供应链高端化、智能化、集群化发展。引进同兴达科技、立德电子、睿宁新材、讯康电子、鑫冠科技、金信诺电缆等一大批龙头企业，形成以手机整机、平板电脑、智能电视、显示模组、偏光片、5G滤波器、高端电容、精密电阻、共模电感、光纤光缆等为主的、较为完整的产品体系。坚持"高大上、链群配"产业发展思路，实行全产业链招商和全过程推进，进一步延链补链强链。2002年，赣州经开区共有电子信息企业266家，营业收入同比增长30%，引进电子信息产业项目104个，总投资达924亿元。

二、着力提升园区绿色化水平

一是以"双碳"工作为引领，将绿色转型深度融入工业发展全过程。制定碳达峰碳中和行动实施方案、"工业+园区"方案，构建系统完备的政策体系，着力推动全区经济社会全面绿色转型。二是积极响应"十四五"能源发展规划，推进"金屋顶"计划，建设赣州市最大的工业企业屋顶分布式光伏电站——曼妮芬屋

稀土永磁行业全球首张 SGS PAS 2060 碳中和达成宣告核证证书

顶分布式光伏电站,采用"自发自用,余电上网"运营模式,首年发电约600万千瓦时,每年节约标准煤2000吨,减少二氧化碳排放5000吨。2022年,全区新增并网容量12.8MW。三是实施智能制造工程,推进数字产业化和产业数字化,全区"两化融合"水平不断提升。2022年,金力永磁、富尔特入选省级智能制造标杆企业,赣州经开区成功获评省级两化融合示范园区,富尔特、曼妮芬、澳克泰等7家企业获评省级两化融合示范企业。四是以创建"绿色工厂""绿色设计产品"等工作为抓手,推动技术改造和产业绿色升级。曼妮芬服装获评国家级绿色工厂;富尔特公司完成国家绿色工厂和国家绿色制造系统集成项目建设,3款产品入选"国家绿色设计产品";金力永磁获颁稀土永磁行业全球首张SGS PAS2060碳中和达成宣告核证证书,成为全球稀土永磁行业首家"零碳工厂"。

案例启示

　　赣州经开区以新能源汽车和电子信息双首位产业,构建低碳排放为特征的新兴产业体系。积极制定园区碳达峰方案、推广"金屋顶"计划、实施智能制造工程和创建绿色工厂等,提升园区绿色化水平。赣州经开区打造绿色低碳产业生态,引领园区绿色化升级的做法可为园区绿色发展提供借鉴。

龙南经开区：
实施"腾笼换鸟"行动，激活产业升级动能

龙南经济技术开发区（以下简称"龙南经开区"）创建于2000年，经省政府批准于2006年升级为省级开发区，经国务院批准于2013年升级为国家级经济技术开发区，是赣州市首家、江西省第二家设在县一级的国家级经济技术开发区。近年来，龙南经开区深入践行新发展理念，在推动产业优化升级、资源能源节约高效利用和体制机制创新等方面进行了积极探索和实践。先后获得国家级绿色园区、全省国家级开发区进位赶超先进单位、全省首批碳达峰试点园区、2022年度江西省开发区改革创新优秀案例名单高效用地领域第一名等称号。

自2021年10月份以来，龙南经开区针对"六类"（闲置土地、低效用地、改变土地用途、未履约、低效产出、未许可）企业全面启动"腾笼换鸟"专项行动，通过"三四五"模式强力腾退一批低产能、低产值、低贡献的"三低企业"和生产停滞的"僵尸企业"，成功解锁园区土地等资源高效利用密码。2022年，规模以上电子信息产业集群企业133家实现主营业务收入293.54亿元，产业集聚度达到20.8%。

一、优化三项机制

一是建立工作专班制度，成立转型行动指挥部，下设测绘评估、法律服务、法纪监督等8个职能组，建立日通报、周调度、月约谈等制度。二是建立精准摸排

评估制度,按照亩均产值、亩均税收等10余项指标,梳理出73家"六类"企业为腾换对象,建立腾笼项目库和企业台账。三是建立"一企一策"销号管理制度,确保腾换一户、销号一户,截至2023年已销号62家。

腾换前:赣州天清再生资源投资开发

二、创新四项举措

一是瞄准目标招大引强,围绕电子信息和新材料双首位产业,按照"高大上""链群配"要求,推动产业发展纵向成链、横向成群。目前已落户电子信息产业链

腾换后:赣州昊鑫新能源

关联企业170余家,其中规模以上企业133家,形成从电子新材料、覆铜板、线路板、电子元器件到智能终端产品的完整产业链;锂电新能源生产企业40家,其中规模以上企业19家,初步形成锂矿开采—碳酸锂—正极材料—锂电铜箔—锂电制造设备—锂电池—消费电池—锂电池回收循环利用的较完整产业链条;稀土工业企业23家,其中规模以上企业17家,形成从"开采—冶炼—加工—应用—稀土资源回收综合利用"的完整稀土产业链。二是架起桥梁精准承接,建立信息共享机制,公开腾换清单,实现信息精准共享、资源精准配置、服务精准推送。三是引资入股抱团发展,对符合产业规划且有合作意愿的腾换项目,政府协助双方完成股权合作,注入新动能,引导企业抱团转产。四是进一步优化营商环境,简化办证流程、有效解决产权证件补办难的节点问题,成立工作专班,仅用不到一个

月时间解决了已签约45家企业由于历史原因未办理不动产权证问题。

三、探索五种模式

通过市场换、司法拍、政府收、异地挪、低效提等五种模式推动企业腾换。截至2023年,低效促履约的43家企业已全部签订承诺书。江西博泰新材料、包钢新利稀土、力威新材料、瑞博金属、德斯坤新材料等一批企业通过"腾笼换鸟"专项行动成功入驻园区。瑞博金属再生资源从洽谈到入驻只用了一个月时间,实现原有低效企业(新大新材料)的高效转化。赣州昊鑫新能源通过对赣州天清再生资源原有厂房的改造,降低投资成本、缩短投资周期,快速实现了企业投产和经济效应产出。

截至2023年,龙南经开区累计盘活工业用地约3528亩、厂房约80.6万平方米,腾出能耗2.5万吨标准煤,先后腾退企业51家,腾退出的土地和厂房新签约企业40多家,占腾换企业的80%以上,成功实现园区产业快速发展。

案例启示

龙南经开区着力打造电子信息、新材料为双首位产业,通过启动"腾笼换鸟"专项行动加强招商引资与低效企业腾换,成功破解工业用地难、部分企业产能落后等制约园区绿色发展的瓶颈,激活产业升级动能。龙南经开区优化创新机制,制定低效企业腾换标准体系与腾换流程,全面激活产业动能的经验可为园区推动产业优化升级、资源节约高效利用提供借鉴。

丰城高新区:推动能源资源循环链接,实施园区智慧化、精细化管理

宜春丰城高新技术产业开发区(以下简称"丰城高新区"),始建于2001年,2011年12月经省政府批复更名为江西丰城高新技术产业园区,成为全省县级市中第一个省级高新技术产业园区;2012年10月经省政府批复列为第一批重点省级工业园;2018年经国务院批复,升级为国家高新技术产业开发区。园区规划面积62平方公里,已建成27平方公里。

丰城高新区在园区规划建设阶段即有效融入循环经济理念,充分体现循环经济减量化、再利用、资源化三大原则。先后被评为中国十佳最具投资营商价值园区、国家级绿色园区、省级信息化和工业化融合示范园区、全省首批循环经济试点园区等称号。

一、"耦合共享"模式推动能源资源循环化链接

近年来,园区以建设"循环新城"为目标,充分利用丰城市和丰城循环经济园区已有的循环经济产业,持续挖掘产业间、企业间、项目间能源及原材料的供应、固废综合利用等方面的关联性,打通资源能源循环利用壁垒,促进原料互补、资源共享,实现园区资源能源的闭路循环。新高焦化炼焦产生的副产品高温焦油和煤气经管道输送到丰城黑豹炭黑生产线作为原料和燃料,黑豹炭黑公司产生的尾气通过尾气锅炉燃烧后,所产生的蒸汽输送给新高焦化,实现了能源的梯级

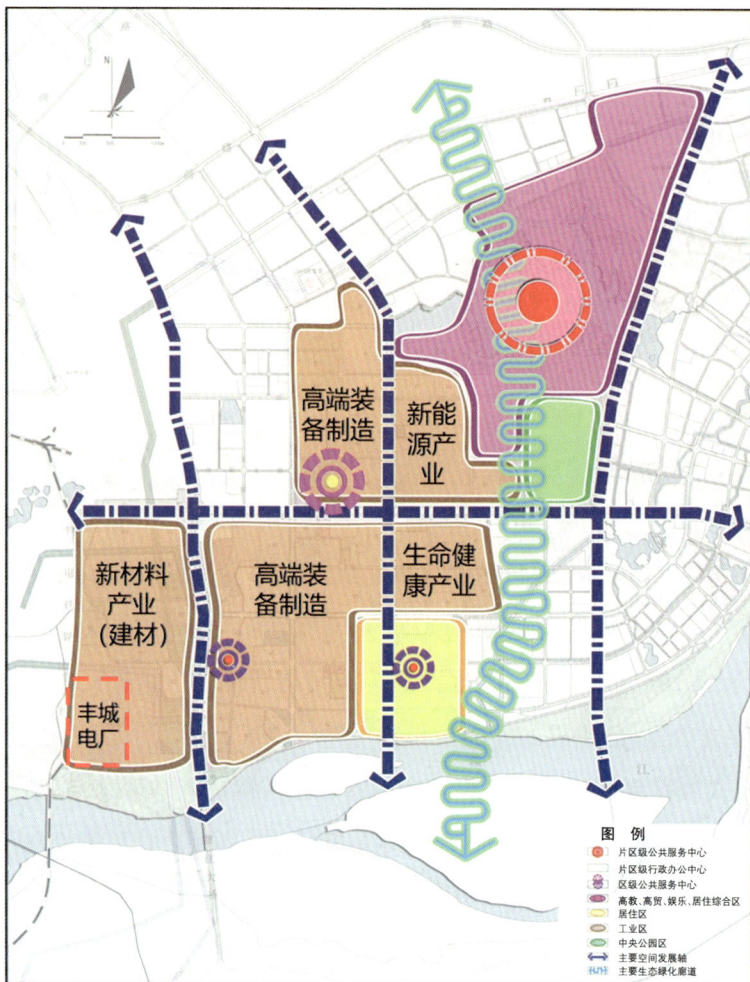

丰城高新区产业集群布局图

利用和互通互补。丰城电厂发电副产品粉煤灰被用作加压蒸汽块、陶瓷产品的原料,成为园区建材、智能家居、新能源新材料产业的重要工业原料。电厂脱硫石膏被用作泰山石膏的生产原料。丰城高新区聚焦生物食品等产业,加强园区与周边农牧产业的链接,周边农牧产业为园区食品产业提供初级原料,同时对食品产业产生的废弃物进行资源化利用,加工成周边农业和林业发展所需肥料,促进农业绿色生产。

二、"平台管理"模式推动园区智慧化管理运营

搭建环境管理服务平台,实现污水和固废集中处理处置、烟气治理、污染物排放监测等管家式环境综合治理。建设资源环境权和废弃物交易平台,推动各产业污染物排放权交易,提高副产物及废弃物资源化利用水平。搭建能源管理服务平台,通过安装在线监测仪表上传能耗数据,实现对用能单位的能源统计计量,提升园区能源管理信息化、可视化、精准化水平,并通过平台的能耗统计和大数据分析功能,及时掌握园区能耗情况和能效水平,为园区能耗管理提供数据依据。2019年,丰城高新区智慧园区平台正式投入使用,智慧园区平台录入190家企业基本信息,录入工程项目37个,完成产业集群电子地图67家企业地理位置展示。目前,已培训园区干部、企业300余人次,实现企业信息平台化、政府表格信息化及干部服务动态化管理。

三、"一企一档"模式推动企业环境精细化管理

丰城高新区把建立和完善企业生态环境信息档案作为一项重要工作,推行"一企一档"管理模式,提升标准化、规范化环境管理能力。"一企一档"包括三个方面的内容。一是企业生态环保档案涵盖企业基本情况、环评报告及批复、验收报告及批复、排污许可手续、在线监控数据、风险隐患排查档案等,实现了园区企业生态环境台账管理。二是园区对生产企业生态环保档案实时更新完善,并建立企业生态环保档案数据应用机制,对超排超能企业及时亮"红灯",对绿色环保企业鼓励其追加投资、扩大生产规模。三是对新建企业早服务、早规范,实地勘察了解情况,及时收集企业雨污管网图纸建立档案,掌握第一手资料。"一企一档"模式实现管理手段的集约化、数字化、精细化,全面加强辖区生产企业的环境监管,引导企业转型升级、绿色发展。同时,丰城高新区持续开展清洁生产审核,2022年督促丰城市徐氏金属制品、江西悦达铝业、江西省丰城市长正金属制品等8家应进行审核的重点企业按期开展清洁生产审核,并全部通过审核。

案例启示

　　丰城高新区以建设"循环新城"为目标,持续挖掘产业间、企业间、项目间能源及原材料的供应、固废综合利用等方面的关联性,促进原料互补、资源共享;积极推行"平台管理"模式,促进园区智慧化管理运营;通过"一企一档"管理模式,提升标准化、规范化环境管理能力。丰城高新区在能源资源循环链接、园内园外循环发展等方面的经验可为其他园区的绿色发展提供借鉴。

九江共青城高新区：
创新"研究院+产业园"模式，建设"双创"新区

九江共青城高新技术产业开发区（以下简称"九江共青城高新区"）成立于1992年，前身为共青开放开发区。2005年升级为省级开发区，2006年更名为江西共青城经济开发区，2016年更名为江西九江共青城高新技术产业园区，2018年升级为国家级高新技术产业开发区，更名为九江共青城高新技术产业开发区。

九江共青城高新区按照"产城一体，两化融合，创新集聚，绿色生态"的建设要求，已形成纺织服装、新能源新材料和电子信息三大主导产业，其中羽绒服装产业集群被列入全省重点产业集群。近年来，九江共青城高新区创新"研究院+产业园"模式，有力推动园区传统产业和新兴产业快速发展。先后荣获全国青年创业基地、国家新型工业化产业示范基地、国家级纺织服装产业集群基地、江西省重点工业园区、省级循环化改造园区、省级绿色园区、省级信息化和工业化融合示范园区等称号。

一、纺织服装研究院+，助推纺织业转型升级

纺织业是九江共青城高新区的首位产业，为解决科技含量不高、款式不新、附加值不高等问题，先后引进中国纺织科学研究院共青分院、武汉纺织大学共青城纺织服装产业研究院等，围绕服装设计、面料研发、智能制造等领域开展技术

南昌大学共青城光氢储技术研究院科研人员开展技术研究

攻关,不断加大产品研发和科技创新力度,孵化出"青绒"等系列服装品牌,同时有效推动产教深度融合,增强核心竞争力。在科技的赋能下,九江共青城高新区服装企业的创新能力和核心竞争力得到大幅度提升,"鸭鸭"荣登中国最具价值品牌500强,销售额从2020年的25亿元提升到2022年的破百亿。

二、光氢储研究院+,助推清洁能源产业加快布局

2021年,九江共青城高新区引进南昌大学光伏研究院成立了南昌大学共青城光氢储技术研究院,加快清洁能源布局,投资50亿元建设光氢储产业园,围绕光伏、储电、氢电开展应用技术研发、产业项目孵化。依托研究院技术及人才优势,九江共青城高新区举办了以"氢能青城、氢创未来"为主题的第一届氢能技术与产业(共青城)发展论坛,并成功引进了成都能斯特、上海德瀛氢能科技等氢能上下游企业落地。制氢、储氢、运氢、用氢等产业链条在共青城高新区正加速构建,将氢能打造为新的绿色产业发展增长极。

三、无人机研究院+，助推无人机产业快速发展

九江共青城高新区与中国科学院等共建无人机遥感应用科技创新基地，引进翱翔星云等企业落户，面向洪涝灾害、生态环境等应急与常态化监测业务提供全方位服务，并负责中科院无人机综合验证场体系运行支撑。九江共青城高新区大力发展低空经济，建立"科学—技术—工程—产品"的转化机制，将研究院的科研成果顺利产品化，打通从科研到产品的"最后一公里"。现已成立江西空中未来通用航空股份有限公司，将无人机集群生产线引进共青城。在载人航空器生产制造方面，技术团队自主开发研制的空中未来NH-201自转旋翼机已在共青城通用机场试飞成功，并取得中国民用航空局实验类适航证，此产品将广泛应用于部队侦查、公安警用、城市管理、个人娱乐等领域。

案例启示

九江共青城高新区坚持创新驱动，积极探索"研究院+产业园"模式，通过引进一个团队、落地一个产业、聚集一批企业、形成一个增长极，助推纺织、氢能、无人机等产业发展壮大。九江共青城高新区在"研究院+产业园"模式方面的经验可为其他园区推动产业发展提供借鉴。

高安建陶基地：
科学规划、动能转换，打造建陶产业新引擎

江西省建筑陶瓷产业基地（以下简称"高安建陶基地"）于2007年经省工信委、省发展改革委批准建设，2008年升级为国家级建筑陶瓷产业基地。建陶产业是高安市主导产业，已形成规模较大、产业链条较为完整的陶瓷产业集群，落户企业129家，其中国家高新技术企业23家，包括新明珠、蒙娜丽莎等全国陶瓷行业前10强企业，以及世界500强厦门象屿、全球卫浴头部企业厦门恩仕等，建成陶瓷生产线139条。

近年来，高安建陶基地始终按照高安市委市政府提出的"环保优先、品牌引领、转型升级、科学发展"的发展方针，通过"搭建平台、整合资源、延伸链条、提高效益"实现"产业高端化、生产智能化、产品绿色化、工厂现代化"，助推产业优化升级。先后获得国家产业集群区域品牌建设试点、国家新型工业化产业示范基地、国家高新技术产业园区、国家火炬特色产业基地等称号。

一、强化规划引领，形成全产业链格局

高安建陶基地持续强化建陶产业的规划引领，在宜春建筑陶瓷产业转型升级总体工作方案的基础上，编制产业转型升级"1+8"总体工作方案和总体发展规划，出台区域品牌建设规划，围绕"降碳增效、品质品牌"发展战略，通过"创新供给、智能改造、平台搭建"，实现产业"高端化、绿色化、智能化、品牌化"，助推建

陶产业节能降碳绿色转型。引进包装、釉料加工、陶瓷模具等配套服务企业,形成以建筑陶瓷生产为主轴,以现代物流、机械、化工、包装及创意设计为副翼的多元化综合性现代工业园区,基地全产业链格局基本形成。2022年营业收入375.9亿元,行业总产值占全市43.26%,产量近8亿平方米,占全国总产量十分之一。

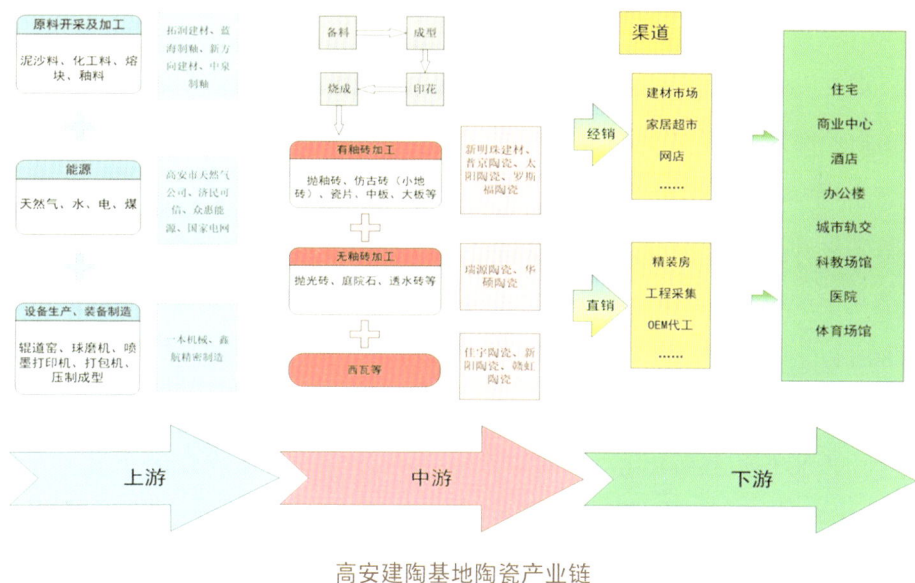

高安建陶基地陶瓷产业链

二、优化能源供给,推动源头减碳

一是全面推广清洁燃气。为减少煤炭等化石能源使用,解决生产过程中燃料气来源分散、工艺落后造成的环境污染问题,引进济民可信清洁燃气项目,向建陶产业基地企业集中供应清洁工业燃气。项目采用中国科学院热物理研究所的常压循环流化床富氧气化技术及飞灰残碳流化床燃烧技术,配套余热余能发电实现气电热多联产,同时建设煤气除尘、洗氨、脱硫及水处理等环保净化配套系统,有效解决基地酚、苯、焦油等污染问题,燃气环保标准达到城市二类天然气水平。能源综合利用率高达83%、碳转化率99%,每年可减少26.3万吨标准煤消耗,减排二氧化碳70.3万吨、二氧化硫5.7万吨、氮氧化物1.6万吨。二是大力发展可再生能源。以建设国家整县推进屋顶分布式光伏开发试点为契机,充分利用建陶基地屋顶空置现状,推进建设集光伏发电、储能、直流配电、柔性用电为一体的"光储直柔"建筑。截至2022年底,基地建成光伏发电137.3MW,光伏、余热累计发电56967.1万千瓦时,占基地用电总量的27.1%。

三、绿色化智能化改造,助力产业转型升级

设立7.8亿元建陶产业环保基金,吸引金融资源支持环保基础设施建设,淘汰落后产能等,建立了112个污染物在线实时监控点,园区污水处理能力达3万立方米/日,淘汰老旧生产线32条、落后产能达1.3亿立方米。大力推进建陶产业数字化、智能化改造,累计投入建陶产业数字智能改造研发经费4.2亿元,新增智能化生产线17条,陶瓷生产线实现智能化率达40%以上、关键工序数控化率达80%以上。注重产业可持续发展,推动建陶生产废料的循环利用,计划到2025年年消化陶瓷固废25万吨以上。园区内标杆示范企业绿岛科技的陶瓷废料生产透水砖项目,每年可处理陶瓷废料达10万吨,产值高达8000万元。

四、完善平台建设,提升产业科技水平

一是搭建能耗双控数据平台。为加大能耗双控管控力度,聘请第三方机构对全市重点用能企业开展能耗家底摸排,率先建成全省首家县级双碳及能耗双控统一大数据平台,全面分析企业耗能总量环比情况、产品单耗、能耗排名等,对企业的设备、工艺、管理等进行针对性改造,提出"一企一策"弹性管理工作方案,精准助力用能企业提升能源利用效率。截至2023年,平台已完成一期建设,接入重点陶瓷企业56家、监测点位240个。如高安欧雅瓷砖在节能系统和针对性优化方案的"双向驱动"下,实现了15%以上的节能率,预计带来年节约总成本42万元左右,极大提升企业节能积极性。二是构建科技服务平台。基地拥有国家级建筑卫生陶瓷检验检测中心、江西省建筑陶瓷干法制粉协同创新中心、江西省建筑卫生陶瓷产业技术创新战略联盟等14个公共技术研发平台;陶瓷创客中

心、中国建筑陶瓷产业实训中心、江西陶瓷会展中心等6个创新创业服务平台，已基本形成集研究开发、科技咨询、技术转移、检验检测、创业孵化、知识产权、科技金融、人才培训等服务功能为一体的科技服务体系。截至2022年底，高安建陶基地拥有国家高新技术企业31家，省级节能减排科技创新示范企业3家，承担省级及以上项目16项。开发省级重点新产品共20项，授权专利441项，累计获得中国驰名商标14件、省著名商标47件。

案例启示

建陶产业是典型的高耗能高排放产业，高安建陶基地着眼于资源高效循环利用，积极探索和实践区域与企业发展循环经济的思路和方式方法，制定科学、合理、可持续性的产业发展规划，搭建各类服务平台，引进配套服务企业，完善产业链条，采用清洁能源，推动高附加值固体废弃物综合利用，大力发展循环经济，积极构建资源节约型、环境友好型陶瓷产业基地，相关做法可为建陶基地绿色发展提供借鉴。

崇仁高新区:强化数字和
科技赋能,推动输变电设备产业高端化发展

江西崇仁高新技术产业园区(以下简称"崇仁高新区")前身为崇仁工业园区,始建于1996年5月,2019年3月被省政府批准更名为"江西崇仁高新技术产业园区",规划面积8.02平方公里,已建成5.5平方公里。

输变电产业是崇仁高新区的首位产业,拥有50多年的发展历史,规模以上企业超过百家,变电设备制造占全国近30%的市场份额,中低压变电设备产品在全省的市场占有率超过80%,配电变压器全国市场覆盖率居同行前三,为全省首批20个省级工业示范产业集群之一。园区先后荣获国家新型工业化产业(装备制造·输变电设备)示范基地、全国中低压变电设备产业知名品牌创建示范区、江西省变电设备产业基地、江西省生态工业园区试点单位、省级绿色园区等称号。

一、推广"区块链+变电产业"模式

崇仁高新区创建"区块链+变电产业"模式将区块链、多方安全、大数据以及人工智能等新兴技术结合,并融入企业生产经营数据、产业园区人财物能、数据审计、产品溯源、供应链、综合风控服务等领域,构建起一整套高效、智能、安全的变电产业综合服务体系,为企业提供一站式服务。该模式可实现三大功能:一是聚合优势资源,汇集园区企业整体信息,整合上下游管理部门、协同企业数据资源,以可信区块链技术提升产业链信息化水平,促进优势互补。二是强化行业综

崇仁变电区块链

合服务,打造崇仁变电设备产业区块链综合服务基础平台,企业通过ERP和MES系统,将数据汇总到可信区块链中作为凭证存储。三是实现企业间数据安全利用,通过可信区块链与持续免疫系统的结合,提升了企业重要数据防泄漏、防篡改的能力,使得关键数据实现安全隐私流转。全国首个县域输变电行业二级节点平台于2022年9月正式上线,平台向下对接企业节点和企业内部信息系统,实现崇仁输变电产业内部的互联互通,向上对接国家顶级节点和输变电行业工业互联网平台,实现崇仁输变电产业与全国各地产业资源的互联互通。平台已接入51家企业(其中县内44家、县外省内5家、省外2家),累计完成标识注册量541.84万,累计标识解析量962.67万。得益于"区块链+变电产业"的建设,崇仁变电产业迎来了提质增效,供应链管理效率得到提高,产业效益明显增强。崇仁高新区通过数字化改造升级的变电企业,设备故障率降低20%、维保费用降低30%、人工成本降低20%、设备使用周期延长25%、生产效率提高15%、不良品率降低10%。

二、推广"研究院+变电产业"模式

崇仁高新区与南昌大学共建变电设备产业研究院,与沈阳变压器研究院、中国电科院高压所、上海电机学院等签订战略合作协议,引导高校的创新要素和资源向企业集聚。先后建立江西省变电设备行业协会、江西省变电设备研究院、江西省变电设备产业博物馆、变电设备产业物质仓储配送中心、省级中低压输变电设备质量监督检验检测中心、崇仁变电产业区块链综合服务中心、变电小镇客厅等一系列创新功能型服务平台。设立2000万元/年的工业发展基金,对企业自主研发、技术改造等科技创新服务予以奖励补助,并安排100万元/年奖补资金配套"揭榜挂帅"专项活动。截至2022年底,崇仁高新区拥有省级以上企业技术中心、工程技术研究中心8个,高新技术企业58家。

案例启示

崇仁高新区围绕输变电设备首位产业,推广"区块链+变电产业"和"研究院+变电产业"模式,推动输变电产业提质增效。崇仁高新区通过数字化、技术创新引领促进变电设备产业高端化的经验做法可为园区有效促进首位产业发展提供借鉴。

樟树工业园区：全面推进
产业循环链接，推动能源资源高效利用

　　樟树工业园区成立于 2006 年，总规划面积 30.37 平方公里，建成区面积 23.87 平方公里。落户企业 417 家（盐化基地 45 家、城北经开区 259 家、福城医药园 113 家），其中规模以上工业企业 268 家，主导产业为药、酒、盐、金四大产业。在 2022 年全省开发区争先创优综合考评中，荣获"第一等次"开发区，连续 11 年被评为全省"先进工业园区"，获评 2019—2021 年全省工业崛起园区发展专项奖。先后获批国家级绿色园区、四星级国家级新型工业化产业示范基地、国家级中小企业特色产业集群、省级五星级重点产业集群等称号。

　　近年来，樟树工业园区将生态文明建设和绿色发展摆在突出位置，按照"多规合一"和园区总体发展规划需求，以绿色示范园区建设为载体，走低碳、绿色的新型工业化发展道路，全面推动园区绿色发展。

一、优势产业循环链接

　　园区不断推进产业循环链接，持续推动医药产业与其他优势特色产业的市场链接和协同发展，大力支持医药文化产业发展。在现有中成药制造业的基础上向产业链上下游拓展，培育医疗器械设备制造产业，并依托和关联精细化工，重点拓展化学药品制造产业，打造现代化生物医药产业集群。利用优质农产品进行高附加值的深度加工，大力开发保健和休闲食品，延伸拓展食品产业链，并

晶昊盐化热电联产项目

与医药产业关联发展以生物保健为方向的高科技生物技术产业。在盐化工产业建立企业联盟,通过循环化和绿色化等手段增强其可持续性,增强盐化工企业关联性与互补性,构建绿色循环的盐化工产业集群。以岩盐为原料,构建以江西蓝恒达化工为龙头的氯碱化工产品、以江西晶昊盐化为龙头的纯碱化工产品、以江西司太立制药为龙头的医药化工产品等多条盐化循环产业链。

二、能源资源共生利用

樟树工业园区着力提高资源综合利用技术装备水平,持续推进余热余压利用、工业"三废"综合利用、企业间废物交换利用,构筑起园区内的能源共享与可再生利用资源的循环利用通道。

1.稳步推进集中供热平台及能源共享项目建设

园区盐化工基地7家重点企业实现集中供热,全面提高能源利用效率。江西晶昊盐化热电站采用2×240吨/小时高压循环流化床锅炉及2×30MW抽汽背压发电机组,产生蒸汽进行发电并将余热供应周边其他企业利用,实现在现有能源消耗基础上,增加了供电量和余热共享,提高能源利用效率。园区内重点企业江西宏宇能源利用焦炉废气生产玻璃,并充分利用窑炉余热和焦炉废气发电,实现资源的综合循环利用,公司同时探索研发焦炉煤气提纯制氢技术,提高能源利用品位。

2.持续实施节水技术改造

引导和扶持园区内企业应用节水技术,限制淘汰高耗水项目和落后生产设备,大幅提高工业用水重复利用率。晶昊盐化、富达盐化通过水的封闭循环、重复利用,将生产过程中的水进行有效的回收,重新注入地下用于采卤,每年可节约用水3100万吨。同时企业利用高效技术提取制盐工艺的副产品无水硫酸钠,使盐卤中的有效资源得到充分提取。

3.加强固废综合利用

江西永鑫新型建材年产30万吨超细粉煤灰项目,以园区内晶昊盐化等公司自备电厂所产生的粉煤灰及煤渣为主要原料,生产新型建材。江西鑫泉固废处理股份以一般工业固废、建筑垃圾为原料生产再生透水砖、路沿石、水土稳定层、标砖、多孔砖、水利砖等新型建筑材料,实现建筑固废"拆、运、处"一体化服务。

三、节能改造减污降耗

樟树工业园区将节约降耗放在园区发展的突出位置,积极开发和推广资源节约、替代和循环利用技术,实施一批节能技术项目,加快工业生产节能降耗改造,节能减排成效显著。如:永兴陶瓷将原隔焰烧燃煤窑炉改为以天然气为燃料的琨道窑炉的节能技术改造,每年可节约标准煤31000吨,同时可减少硫化物和粉尘等的排放;江西富达盐化、江西晶昊盐化、江西赣中氯碱制造等的锅炉改造项目,每年可节约标准煤65000吨;蓝恒达的膜极距改造节能项目,每年可节约标准煤1720.6吨;宏宇能源积极推进干法熄焦代替湿法熄焦,每年可发电1.7亿千瓦时,产生经济效益超1亿元。樟树工业园区持续治理草溪河沿线工业企业,关停铲除土法炼钒企业7家、小电镀企业3家、塑料粒子加工企业4家以及小炼油、印染、小冶炼企业等9家,强制搬迁选址不当造成环境敏感区污染的加工厂等6家。

案例启示

　　樟树工业园区持续加强行业间协同,推动医药、食品和盐化工产业循环链接,形成了优势互补产业链,为相关企业提供更多的发展机遇。通过集中供热平台及能源共享项目建设、持续实施节水技术改造和加强固废综合利用等手段,以及技术创新和设备更新等措施实施节能技术改造,实现生产效率和资源利用效率的双重提升。樟树工业园区在推进产业循环链接、能源资源共享与综合利用和节能技术改造等方面的经验做法可为园区能源资源综合利用提供借鉴。

章贡高新区:
推进"一企一管"园区监管工程

　　江西章贡高新技术产业园区(以下简称"章贡高新区"),由沙河工业园和水西有色冶金基地组成,2013年12月被列入重点省级工业园区。章贡高新区重点发展生物医药、电子信息、装备制造和有色金属新材料产业,目前,拥有全省首个企业国家重点实验室,49个省级重点实验室、国家级博士后工作站、省级院士工作站等各类企业科技创新平台,近百项科研成果获得国家发明专利,先后荣获国家级绿色园区、国家高端人才引领型创新创业特色载体、江西省首批大众创业万众创新示范基地、全省先进工业园区等称号。

　　水西有色冶金基地以电子信息、有色金属及新材料产业为主,部分企业距离赣江岸线较近,环境风险较高。地下污水管网由于设计缺陷和年久失修,存在老化、管道混接、地下水过量渗入等现象,企业污水偷排行为难以发现,易造成管网堵塞及污水处理厂排放不达标等问题。为有效杜绝企业污水在输送过程中的"跑冒滴漏"现象,章贡高新区率先开展"一企一管"项目建设,采取"全覆盖、全方位、全过程"模式,建设企业至污水处理厂专管专线,完成全指标在线监测。同时,建成一套智慧管理信息平台,全方位采集、监测、分析企业排污数据,实现企业污水排放全过程信息化监管。

章贡高新区"一企一管"工程

一、专管专线"全覆盖"

"一企一管"即一家排污企业一根专用污水排放管道,管线上设置流量计、取样分析装置和控制阀等对各企业污水排放实施单独监测和自动管控。目前,园区34家企业均一对一接入污水管网,所产生的废水经过污水处理站处理达到排放标准后,通过企业单独排污管道进入检测中心,检测中心针对每家企业设置独立的在线检测设备对污水进行实时检测,在线检测设备数据会通过数采仪传输到中控室,检测指标合格后再汇集流入园区工业废水处理厂集水池。

二、监测监控"全方位"

2022年10月,启动新一轮"一企一管"建设,建成一套智慧管理信息平台,全方位采集、监测、分析企业排污数据,可实现全天候、科学化智能控制及管理,有效避免超标外排。目前,园区水质自动监控站对企业废水流量、COD、氨氮、pH、总磷、总氮等多项指标进行实时监测监控,其自动阀门在监测到污水不符合相关标准时将自动关闭,企业污水将无法排放,逼迫企业停业整改直至达标。

三、严管严治"全过程"

"一企一管"工程精准溯源上游排水异常情况,有效打击非法排污现象。科学合理管控污水处理厂水量水质,实现动态错峰排水,保证企业废水随时接纳。全面收集和统计园区污水处理等基础数据,作为企业达标排放和收费的重要依据。通过总站调节对水质综合利用,提升园区综合效能,平台近期纳管企业38家,远期预留纳管企业64家。

案例启示

章贡高新区通过为每家排污企业单独设立一根废水排放管,对各企业污水排放实施单独监测和自动管控,实现对园区企业污水排放的全过程管理。章贡高新区对企业排污实施全覆盖、全方位、全过程监管的经验可为其他同类园区环境监管提供借鉴。

湘东工业园：
聚力三大举措，推动产业转型升级

萍乡市湘东工业园(以下简称"湘东工业园")位于湘东区下埠镇，2006年8月正式动工建设陶瓷产业基地，2020年经江西省人民政府批准更名为湘东工业园。截至2022年底，园区注册企业105家，其中规模以上企业57家，主要分布在工业陶瓷、环保成套设备、光学镜头、LED面板等细分领域。先后获得国家工业陶瓷高新技术产业化基地、全国工业陶瓷区域品牌示范区、省级工业陶瓷高新技术产业基地、全省首批20家示范产业集群(工业陶瓷)等称号。

湘东工业园以产业转型升级和赣湘区域合作为重点，坚持"围绕一个核心、建设三个平台、坚守两条底线"的工作思路，不断推进园区经济体量做大、质量做优。

一、推动新旧动能转换

狠抓传统产业转型升级，以建设国家产业转型升级示范区为契机，坚持育龙头、补链条、升平台、保要素、强集群，以产业链延伸提升传统产业，以转型发展促提质增效，不断优化产品结构，提高产业附加值，推动工业陶瓷、创意包装等传统产业向高端化、集群化、智能化、服务化和绿色化转型升级。如萍乡市华星环保、萍乡市江华环保、萍乡市普天高科等原工业陶瓷龙头骨干企业，全面完成向节能环保成套设备和化工冶炼环保成套设备等智能智造装备升级。

工业陶瓷科创中心

　　坚持把发展新兴产业作为创新驱动发展的新引擎,将培育壮大战略性新兴产业作为推进工业高质量发展的重要抓手,以产业规模化、技术高端化、发展集约化为方向,培育发展电子信息、节能环保、装备制造、新材料等战略性新兴产业。目前,湘东工业园主攻节能环保和电子信息"双首位"产业,有节能环保企业84家、电子信息企业14家,2022年完成工业总产值160.69亿元,同比增长24.97%。

二、加强园区平台建设

　　做强要素平台,不断强化土地、水、电、气、物流仓储等要素保障,确保项目引得进、落得下、做得好。土地方面,积极完善三区三线方案,不断拓展平台土地规模,收储工业用地超过2000亩。供水方面,对取水基站进行了搬迁和增容建设,日供水能力达到1.5万吨,目前企业对水日需求量约为3000吨至6000吨,可全面保障园区企业工业用水需求。供电方面,对龙形湾平台进行线路升级改造,同时加快推进长春变电站220KV站址的前期工作与建设。供气方面,2022年正式接通天然气管道。物流仓储方面,打造赣西国际港,核心区公路港、铁路港规划面积近2000亩,其铁路专用线设计年装卸能力为146万吨,吞吐能力为340万吨,已获准开通国际班列。

做优投融资平台,充分发挥江西省星火工业投资集团服务园区建设和企业发展的作用,探索提供多样化、灵活性的金融支持服务体系,为园区企业注入发展活力。创新供应链融资服务,发挥供应链核心企业的平台优势,截至2022年为企业提供供应链资金5000万元,为67家企业提供财园信贷担保。

三、完善科技创新支撑

为推动创新成果转化为产业项目,湘东工业园投资1.2亿元建设工业发展科研中心,占地总面积9400平方米,投入研发设备费4000余万元,购买工艺装备和分析检测仪器200余台套。引进湖南大学、上海大学、昆明理工大学、山东工陶院等科研院所分别建立研究院或分中心,形成"四院四中心"孵化架构,现有常驻科研人员50余人开展科学研究和技术开发工作。充分利用"赣鄱人才计划""昭萍英才"等政策,先后引进院士3人、博士51人、硕士65人。湘东工业发展科研中心运营以来,推动园区企业组建工业陶瓷产业联盟,中心科研团队采用企业订单等形式,与本埠32家企业开展科研项目合作44项,目前已转化落地18项。2023年科研中心获得省级首批商业秘密保护指导站称号。

案例启示

湘东工业园围绕主导产业狠抓传统产业转型升级,持续推动产业新旧动能转换;不断强化土地、水、电、气、物流仓储等要素保障,做优投融资平台,提高园区对项目的吸引力和承载力;以工业陶瓷科创中心为载体,科创平台从无到有,构建"四院四中心"孵化架构,组建工业陶瓷产业联盟,实行"订单式"研发模式,持续完善科技创新支撑。湘东工业园在传统产业转型升级、园区要素保障及科技创新支撑等方面的经验可为园区产业转型升级提供借鉴。

企业低碳升级篇

　　制造业企业是实体经济绿色发展的主体,发展绿色制造已成为工业企业统筹发展与减排的重要抓手。近年来,江西制造业企业抢抓绿色低碳发展机遇,系统规划布局绿色转型之路,加快低碳技术创新,推进数字化、智能化、绿色化改造,推动形成绿色低碳的生产方式。本篇在全省精选了钢铁有色、石化化工医药、建材、节能环保、电子电器等行业40家企业绿色低碳发展的典型案例,为其他企业实现转型升级提供参考和借鉴。

钢铁有色

方大特钢:实施钢铁生产
烟气超低排放与废水零排放改造

方大特钢科技股份有限公司(以下简称"方大特钢")位于江西省南昌市青山湖区,是一家集采矿、炼焦、烧结、炼铁、炼钢、轧制生产工艺于一体的钢铁联合企业。公司生产的汽车零部件用钢和建筑用材历史悠久,产品知名度高,保供能力强,品种规格齐全。主要产品有弹簧扁钢,HRB400E、HRB500E热轧带肋钢筋、圆钢(圆管坯)、大盘卷,300多种汽车板簧、汽车扭杆、稳定杆等。公司已通过了质量、环境、职业健康安全、能源和测量管理体系认证,通过两化融合体系认证,拥有国家博士后科研工作站、国家实验室认可(CNAS)检测中心和江西省弹簧钢工程研究中心,其中弹簧钢生产与技术创新团队是江西省优势科技创新团队。先后获评中国民营企业500强、全国钢铁工业先进集体、国家4A级旅游景区等称号。

方大特钢持续践行绿色生产理念,通过工业污水处理、超低排放改造、打造生态旅游基地等多种措施,持续推进节能减排,特别是超低排放改造等方面成效明显。

一、全面实施超低排放改造

方大特钢各工序均配套建设了废气治理设施,包括焦炉地面除尘站,焦炉烟

方大特钢湿地景观区域

气脱硫脱硝、烧结机头电除尘、烧结烟气脱硫脱硝、烧结机尾电袋除尘、高炉出铁场和矿槽布袋除尘、转炉二次布袋除尘、转炉三次电袋除尘等,废气治理设施配套齐全。近年来,方大特钢投入大量资金,全面推进超低排放改造,先后完成原料场全封闭改造、焦炉烟气脱硫脱硝等40余个环保提升和超低排放改造项目。公司大力实施煤场、矿石料场、焦炭料场的全封闭改造,有效消除原料堆场产生的扬尘污染和雨水冲刷带来的水污染;采用最先进的活性炭脱硫+SCR脱硝工艺对焦炉烟气进行脱硫脱硝处理,达到超低排放要求;在炼钢车间设置屋顶罩,新增转炉三次布袋除尘系统,严格控制无组织排放,实现炼钢工序的超低排放要求;实施烧结、球团烟气超低排放改造,采用CFB干法脱硫工艺+中温SCR脱硝工艺,烟气排放满足超低排放标准要求。

二、钢铁工序废水零排放

方大特钢结合工序点的技术改造,在各工序配套建设了工业水处理与循环利用设施,水处理规模为40万吨/天,工业污水处理率为100%,工业水循环利用率达97.5%。其中,方大特钢焦化污水处理系统采用了技术创新的HSB双回流生物强化工艺进行技术改造,在国内焦化污水治理技术上取得突破,被评为国家重点环境保护实用技术示范工程。该技术改造成果被中国金属学会、中国钢铁工业协会评为中国冶金科技进步三等奖。

2018年,公司为进一步充分利用水资源,在末端建设水处理中心,总处理能力26400吨/天,采用酸碱中和+絮凝沉淀+砂滤+超滤+反渗透等先进工艺对废水进行集中收集处理和循环利用,有效改善了公司循环水水质指标,提升初期雨水收集能力,部分处理后的水质可达直饮水标准,实现了钢铁工序零排放,公司获评江西省第一批水效领跑者企业。

三、充分利用余热余能资源

方大特钢已配置有高炉煤气余压发电机组、烧结余热发电机组、干熄焦余热发电机组、煤气发电机组,总装机容量达116MW。通过充分挖掘利用钢铁生产制造过程中产生的余热余气进行发电,最大化利用好厂区内余热余气资源,2022年度自发电量达到9亿千瓦时,可降低企业二氧化碳排放约47.3万吨。

案例启示

方大特钢作为钢铁生产企业,全面实施超低排放改造,减少粉尘、污染物排放;积极推进工业废水治理,提高水资源利用率、实现钢铁工序废水零排放;充分利用余热余能资源发电,提高能源利用效能、减少能源消耗和碳排放。方大特钢在实现钢铁生产企业环境治理与能源资源高效利用等方面的经验可为钢铁生产企业绿色发展提供借鉴。

江铜贵溪冶炼厂：
树立"智慧冶炼"典范，开启数字领航新征程

江西铜业股份有限公司贵溪冶炼厂（以下简称"江铜贵溪冶炼厂"）成立于1997年5月，位于贵溪市城北郊区信江之滨，是中国第一家采用世界先进闪速熔炼技术、高浓度二氧化硫转化制酸技术、倾动炉、卡尔多炉杂铜冶炼技术和ISA（艾萨法）电解精炼技术的现代化炼铜工厂。江铜贵溪冶炼厂年产阴极铜百万吨以上，是中国最大的铜、硫化工、稀贵金属产品生产基地，也是世界首个单厂阴极铜产量超百万吨的炼铜工厂。经过30余年发展，江铜贵溪冶炼厂的闪速炉作业率、铜冶炼综合回收率、吨铜综合能耗、精矿处理能力、总硫利用率等5项核心指标均保持世界第一，金、银回收率等多项核心指标实现排名提升，管理技术水平处于行业领先地位。

江铜贵溪冶炼厂全面升级绿色冶炼体系，深度推进节能减排，大力推进循环经济，构建了"生产低碳、废水趋零、废气超低、固废榨尽"绿色冶炼新业态，引领行业绿色低碳发展。近三年，江铜贵溪冶炼厂科技成果丰硕，亮点纷呈，获省级有色行业科技进步奖一等奖3项、二等奖1项，先后获批国家级绿色工厂，国家"数字领航"企业等称号。

一、坚持技术创新，持续推进节能降碳改造

"十三五"期间，江铜贵溪冶炼厂积极开展技术升级降碳，组织技术人员和员

工不断探索节能新技术、新工艺,降低生产耗能与成本,提高生产效率。通过淘汰燃煤锅炉建成无煤工厂,并开发了"一步法"渣直排缓冷自主改造、MVR高效节能蒸发技术铜电解等重大创新成果。经过多年努力,公司铜冶炼综合能耗由2012年的237.28千克标准煤/吨下降至2021年的153.16千克标准煤/吨,领先行业标杆水平。

(1)"一步法"渣直排缓冷技术:江铜贵溪冶炼厂首创并实施"一步法"渣直排缓冷自主改造,取消熔炼车间的贫化电炉,改为"渣直排",实现技术升级降碳。改造后,每年节约块煤751.16吨,节约电量1273.06万千瓦时,减少二氧化碳排放8842.32吨。

(2)MVR高效节能蒸发技术铜电解:电解车间净液工段引进机械式蒸汽再压缩蒸发器(MVR),利用高能效MVR压缩蒸发器产生的二次蒸汽实现电解液的蒸发浓缩,从而取消原有的外部新鲜蒸汽供应,提高了蒸汽、电等能源的利用率。技术实施后,生产运行成本大幅降低,2021年当年累计节约蒸汽量达8万吨。

(3)制酸车间风机改造:为解决制酸工艺中关键设备硫酸车间二氧化硫风机运行能耗大的问题,江铜贵溪冶炼厂组织技术小组开展技术攻关,经过科学论证、研究制定变频改造方案,打破风机厂家的技术壁垒,二氧化硫风机经变频改造后运行稳定,年节电420万千瓦时以上。该技术经推广应用到一系列二氧化硫风机,每年节电800万千瓦时以上。

二、深耕循环经济,实现资源综合利用最大化

江铜贵溪冶炼厂在"吃干榨尽、变废为宝"的循环经济理念指导下,通过走"引进—消化—吸收—自主创新"的发展道路,在建设"资源节约型、环境友好型"企业过程中实现有价矿产资源最大限度的综合回收利用。

(1)有价元素提取:江铜贵溪冶炼厂在国内同行业中首次开展炉渣选铜,每年可多回收铜金属达8000余吨。并从冶炼渣中提取金、银和阳极泥提取金、银、

硒、碲、铋、铼、铂、钯等稀贵金属,建成国内首屈一指的稀贵稀散金属提取基地,将资源综合利用、吃干榨尽。

(2)余热回收利用:江铜贵溪冶炼厂通过回收烟气余热、硫酸制酸过程中生产的余热等资源,将其转化成电能供应生产使用,减少了热能浪费,每年余热发电量约1.3亿千瓦时。

三、实施精细管理,开启智慧冶炼工程

前期,江铜贵溪冶炼厂通过构建双系统"三年长周期生产"模式、阳极炉"四变二"等,实现了"管理创新降碳耗"。为进一步深挖节能空间、探索行业低碳发展新模式,贵溪冶炼厂着力打造铜冶炼智能工厂,成功建设了工厂级统一数据平台、集中一体化管控中心、一体化生产运营管理应用系统。该系统含生产实时信息系统和覆盖生产、设备、能源、安环、供应链、辅助决策六大业务领域的横向、纵向集成度高、平台一体化、代码一体化的智能工厂应用系统,统筹工业生产数字化和传统业务线上化协同推进,实现高效管理。

经过智能工厂一期建设,江铜贵溪冶炼厂形成具有铜冶炼特点的创新应用

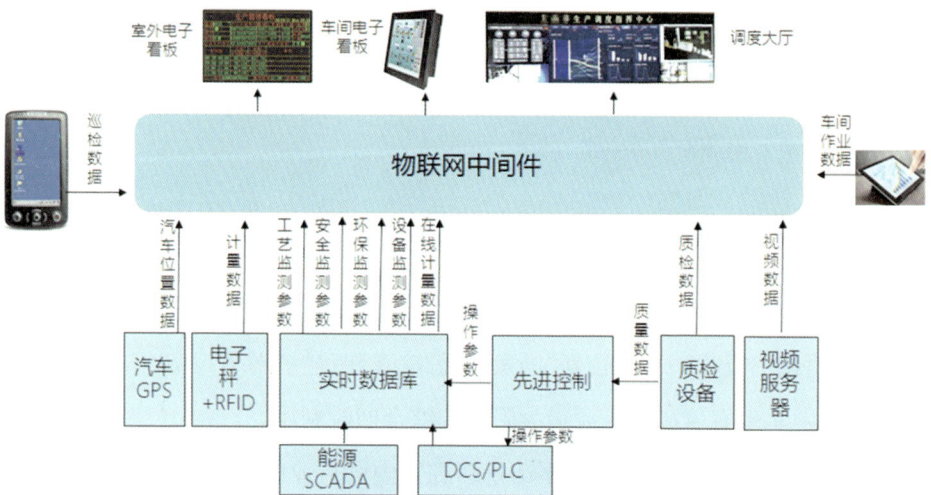

江铜贵溪冶炼厂智能物联系统

新模式,提升了生产效率和管控能力,实现了运营成本降低20%,生产效率提升10%,产品不良品率降低10%,能源利用率提高10%。在节能降碳方面,"铜冶炼综合能耗"下降10%,碳排放比排放峰值下降25%。在环境排放方面,二氧化硫下降81%,颗粒物下降51%,废水排放总量下降39%。江铜贵溪冶炼厂冶炼智慧化发展,推动江西铜产业低碳转型升级加速,实现由粗到精的提升、由平到智的转型、由量到质的跨越。

案例启示

作为世界首个单厂阴极铜产量超百万吨的炼铜工厂,江铜贵溪冶炼厂高度重视节能降耗工作,积极对标创标。积极开展自主创新,突破工艺降碳难关,积极开展各类生产工艺设备、动力设施、新材料等方面的节能降碳改造;深耕循环经济,从冶炼渣和阳极泥中提取金、银、硒、碲等稀贵金属,吃干榨尽有价元素;持续实施精细化管理,积极探索智慧冶炼,突破冶炼系统全流程精细管控。江铜贵溪冶炼厂从技术创新、精细管理等方面全面提升铜冶炼能效水平,充分挖掘废物资源的有价金属利用潜能的经验可为有色金属冶炼企业绿色发展提供借鉴。

江西铜业铜材：
推动电工用铜线坯产品全生命周期管理

江西铜业铜材有限公司（以下简称"江西铜业铜材"）成立于2002年，位于鹰潭市，是江西铜业股份有限公司所属全资子公司，是一家集光亮铜杆线研发、生产、销售为一体的科技型公司。公司产能达40万吨/年，所生产的T1 M20电工用铜线坯产品具有热效率高、能耗成本低、产品质量好、表面光亮、性能优异等特点，广泛应用于电线电缆、微细线、漆包线母材等。公司先后荣获国家级高新技术企业、全国铜杆加工企业优质供应商、中国铜杆线行业最受欢迎企业二十强、江西省安全生产标准化二级企业等称号。

江西铜业铜材以"双碳"工作为引领，紧扣节能降碳，优化资源配置，坚持走清洁低碳绿色发展道路，加大绿色产业资金投入，狠抓生产关键环节的技术攻关和工艺优化，取得明显成效。

一、清洁无害生产工艺技术

公司的电工用铜线坯生产工艺采用美国南线的连铸连轧生产工艺和设备，竖炉原料投炉、燃烧系统控制、铸坯浇铸、轧制成型、冷却清洗及成卷称重等生产全程实现计算机在线监控，生产过程自动化处于行业领先水平。主要具有以下特点：一是产量大、热效率高、能耗低。SCR连铸连轧生产线采用竖炉熔化，天然气加热，热效率可高达70%。二是采用五轮轮带式铸造机，操作维护简单。三是连铸连轧工艺利用铸造坯料的余热直接连续轧制,减少了轧机的耗电量。四是在线采用无酸清洗,线杆表面光亮,对环境无污染。五是自动化程度高,操作人员少,工资成本低。六是产品质量好,机械性能优异,可完全满足各类下游客户对原料的要求。公司对产生的废乳化液进行集中就地处置,处理后废水可满足污水综合排放标准(GB8978—2002),有效降低了危废贮存、转移过程中的泄漏风险。

二、资源循环利用和节能技术

在原料的综合利用率方面,公司通过优化工艺参数、技术改进等措施,不断提高产品的合格率,推动公司原料综合利用率达到99.866%。在工业固体废弃物综合利用率方面,公司铜杆生产过程产生的固体废物主要有废薄膜、废钢铁、废铝、废木头、废刨花铁皮、废塑料彩钢瓦垃圾、废塑料管、废纸箱等,均委托有资质的第三方机构处理或综合回收,时效内工业固体废弃物全部综合利用。在工业水复用率方面,不断提高生产过程工业水重复利用率,有效减少水资源的消耗。此外,公司通过建立能源全面预算平台、优化改进SCR钢带喷涂工艺、实施SCR3000工艺水泵节能改造、SCR3000竖炉大修、SCR竖炉加料系统"U"型加料改造等一系列节能技改项目,大幅降低公司能源资源消耗。改造后的"U"型加料斗,有效降低了单位产品天然气消耗量。

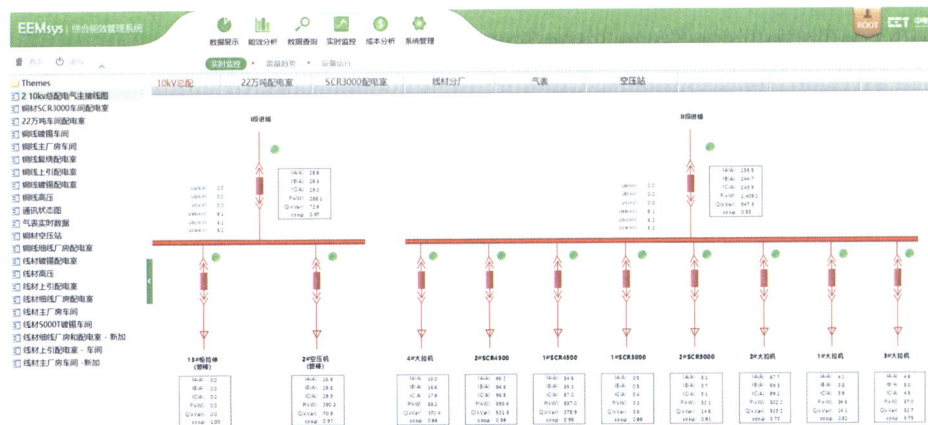

综合能效管理系统

三、绿色无害原料供应链

针对产品有毒有害物质进行减量或替代,在原辅料选用绿色化方面,公司通过严控产品原辅料质量,从源头控制有害物资的购入,确保所采购相关物资符合国家法律法规要求。公司生产使用的原辅料无属于《国家鼓励的有毒有害原料(产品)替代品目录》内可替代原料(产品)。在采购拉丝油、塑料制品等对产品有直接影响的原辅料时,要求供应商对所提供的产品进行ROHS指令检测,并提交有资质的检测单位出具检测报告。在供应链绿色化方面,公司构建了绿色供应链管理体系,将绿色供应链管理纳入企业中长期发展规划,并设置有相应管理部门,设定相关的管理目标。通过持续开展绿色供应链管理,有效降低了产品原料及产品销售过程中的资源消耗和污染排放。在运输方面,与产品运输服务商、产品采购对象订立三方联合协议,打造绿色物流。在包装材料绿色化方面,公司按照“减量化、资源化、无害化”原则采用绿色设计包装,推进包装减量化。2021年,在SCR4500生产线增加PE膜缠绕包装机,由PE膜和塑钢带取代原有的风裙袋和打包钢带包装,在满足运输需求和质量防护的前提下,大幅减少包装过程消耗的包装材料,有效提升回收和重复利用效率。

案例启示

江西铜业铜材以绿色生产为理念,通过采用清洁化、无害化的先进生产技术,推进资源循环利用和节能减排技术改造。从加快绿色原料的替代、强化绿色供应商管理及加大环境友好物资的采购力度等方面建设绿色供应链,推动公司电工用铜线坯产品生产过程的清洁化、绿色化、低碳化。江西铜业铜材在铜材产品全生命周期管理的经验可为铜加工企业绿色发展提供借鉴。

宜春钽铌矿：数字化赋能
推动传统矿山绿色化智能化发展

　　江钨控股集团所属企业宜春钽铌矿有限公司（以下简称"宜春钽铌矿"）经过50多年的开采，面临着因矿石资源品位急剧下降趋势，嵌布粒度细而分散，多金属伴生、赋存状态差，造成难采、难分和难选，资源利用率低；选定设备品种众多，各厂商设备数据联动和协同差，设备自动化程度低，生产工艺能耗大；各纸质生产报表多而杂，多部门协同管理不及时，信息化程度低等诸多问题。为解决设备自动化程度低、能耗大、资源利用率低等问题，于2020年着手实施数字化矿山建设，项目期三年，建立集中控制中心，通过对生产的主要环节进行实时监测、监视形成一系列闭环回路控制，实现全矿山的数据采集、生产调度和决策指挥的信息化、科学化，保障了生产的连续和稳定，提升了处理量、浓度、粒度等工艺指标，提高企业能源利用效率，减少二氧化碳排放，打造"绿色、低碳、经济、高效"企业。

　　宜春钽铌矿数字化矿山建设主要包括数据中心管理平台、配套无线专网、数字化采矿单元、智能选矿单元、生产制造执行系统等五个单元，综合利用智能制造与现代信息化技术手段，进一步融合采选装备、工艺、自动化与信息化，实现关键数据可视化、设备控制远程集中化、工艺流程调节智能化的生产控制，有效减少设备空转时间，降低设备运转故障率。

一、数字采矿单元提高采矿作业生产过程效率

数字采矿单元通过开发三维建模、矿车调度系统实现了矿石品位立体化,每台采、运设备的精准定位和设备数据回传。系统通过三维建模数据自动制定生产配矿方案,在满足配矿需求的前提下,通过最短路径算法,实现矿车运输距离最短,出矿精准配矿。车流配置上实现车不等铲、铲不待车,充分发挥装载设备的装车能力。系统通过实时检测设备数据并智能调度车辆,提高采矿作业生产过程效率,减少铲装、运输机械的空车等待时间,降低工序能耗,减少二氧化碳排放量,数字化为露天矿山的设备连通性、生产高效性提供了保障。

二、智能选矿单元实现磨重整体平衡优化控制

智能选矿单元在选矿自动化DCS系统的基础上,通过数据融合与模型仿真

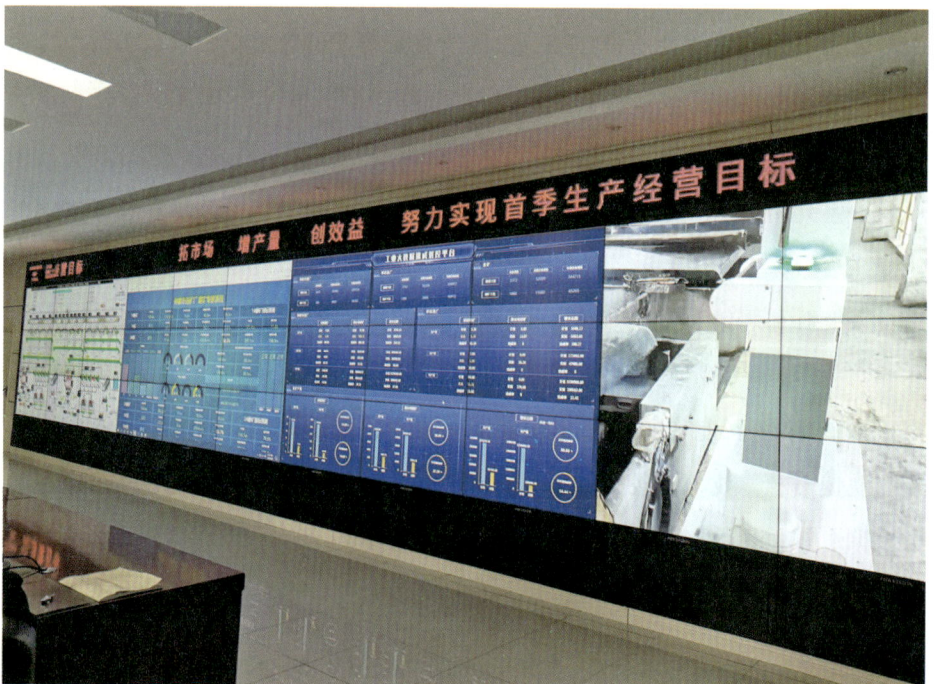

宜春钽铌矿调度中心

实现了棒磨机工作状态的智能感知。通过相关性分析确定表征棒磨机工作状态的影响因素,再以工艺过程为控制侧重点进行数据降维,确定影响棒磨机磨矿生产过程的主要因素,建立磨矿专家系统,结合操作经验提取系统稳定运行的规则,对各种工况进行智能适应,稳定磨重流程作业,控制流程关键设备的运行状态,实现磨重整体平衡优化控制。智能选矿单元通过DCS系统采集选矿工艺流程数据并实时监测,优化能源使用和生产运行方案,促进生产过程高效化、低碳化,以数据价值赋能绿色化。

三、数据中心管理平台实时监控耗能情况

结合宜春钽铌矿采选运销的生产管理流程,建立数据中心管理平台,集成了全矿视频系统、采矿生产数据、选矿生产数据、质检数据、销售计量数据和安全监测数据在内的主要系统功能,可实时管控整个矿车的生产数据以及各个工序的能耗情况,为降低企业碳排放提供数据基础。2023年2月,数字化矿山建设项目通过验收,在设备稳定运行方面,实现设备运转率达到90%以上,故障排除和处理时间节约20%;在节能降耗方面,生产供水供电成本下降12%以上;在产品增量上,增收钽铌精矿35吨,锂云母精矿1.5万吨,粗细长石粉3.7万吨,提高了矿产资源综合利用率,减少了固废产生量。

案例启示

数字化赋能绿色化矿山的本质是充分利用数据,结合生产工艺操作经验建立相关模型,通过不断优化模型能力提高生产效率、减少生产能耗,从而减少二氧化碳排放量,数字化为矿山绿色发展中的设备连通性、生产高效性、施策精准性提供了支撑。宜春钽铌矿数字化赋能的经验可以为绿色矿山建设提供借鉴。

赣州江钨钨合金：
深入实施控制系统智能化改造

赣州江钨钨合金有限公司（以下简称"赣州江钨钨合金"）成立于2002年3月，是由江西钨业控股集团有限公司控股的一家钨铁生产企业，地处赣州高新技术区。公司拥有一台功率为2200千伏安的钨铁冶炼电弧炉，采用先进的取铁法生产工艺，年生产钨铁能力为5000吨。公司是工信部钨铁准入条件起草单位，国家铁合金分会会长单位，中国钨业协会委托起草钨铁原料生产标准企业。公司通过了国家高新技术企业认证、安全标准化三级认证，"虔锋"牌钨铁连续多年获得了国家免检产品、江西省名牌产品、江西省著名商标等称号。2022年，生产钨铁4320吨，销售钨铁3814吨，销售收入4.48亿元。

赣州江钨钨合金，坚持走生态优先、绿色低碳的高质量发展道路，围绕"双碳"目标，做好节能降耗的"减法"，积极探索绿色发展的"加法"，加快绿色发展新动能。

一、实施设备智能化改造，深入推进节能降碳

从设备工艺改造、设备智能化、可视化角度出发，降低生产电力消耗，减少碳排放，节约生产成本。一是钨铁炉控制系统升级改造。原有的PLC-II型计算机液压型钨铁炉电极自动调节器为模拟程序控制，经常出现故障，电极上下漂移不稳定，生产控制粗糙，造成电能利用率较低。公司通过对智能控制液压式钨铁炉

赣州江钨钨合金智能监控系统

电极自动调节器升级改造,完成了钨铁炉高效智能控制系统的研发与使用,该设备有分散控制、集中管理、控制装置和现场仪表全数字化和维护管理智能化等特点,为电炉的安全运行、可视化、智能化、节能操作提供了保障。该系统投用以来,钨铁冶炼用电单耗下降25千瓦时/吨钨铁,全年节约电量11万千瓦时,有效降低碳排放。二是智能监控系统研发与运用。针对低压控制系统及电炉运行设备参数等设备原始老化问题,完成了生产系统设备智能监控系统的研发和运用,推动公司电流、电压、温度、压力、设备运行状态、远程操作等各项生产运行参数和操作均达到了智能化、可视化、程序模块化集控。

二、开展颗粒物在线监测,实现烟尘超低排放

公司引进了欧洲设计技术FS除尘工艺除尘系统及电炉烟尘颗粒物在线自动监测设备,针对公司电炉烟气颗粒物(主要污染源)进行处理。该除尘器电控

系统采用德国电气工程师协会(VDE)标准配置(钢壳电控柜,防护等级 IP 55),运用节能型风机反吹离线清灰,整个系统由编程控制器(PLC)进行可视化、智能化一键控制。项目于 2020 年 9 月 15 日完成设备安装调试,12 月中旬完成竣工验收,正式投入使用。该套设备实现了电炉烟气烟尘排放指标超低排放(10 毫克/标准立方米以下),能够最大限度地回收生产流程中的有价金属、降低生产成本,年均创利 80 余万元。公司还按照生态环保要求安装了电炉烟气在线监测设备,并与环保系统联网运行,各项指标均优于行业规范要求。

三、构建绿色采购制度,完善绿色供应链

公司秉承绿色可持续发展理念,将环境保护、节能降耗等因素纳入供应链管理体系,构建了绿色采购制度体系、供应商评审及产品质量认定体系。制定了包含采购计划管理、采购方式确定、合同管理、验收出入库管理、考核与责任追究等采购行为规范,以及通过实施采购过程记录文件进行采购过程控制,确保绿色采购制度行之有效。从原料采购环节控制有毒有害物质流入,严格要求供方产品符合环保法律法规,并出具相关产品的检测报告。建立包含供应商当年供货质量、供货包装能力、供货价格、供货及时性等指标的绩效评价体系,根据评价结果建立了合格供应商名录。为确保采购物资及产品的绿色性,对于主要原料钨精矿,主要辅料包括硅铁、电极糊、沥青焦等,制订了相关验收标准;对于出厂产品,向客户提供产品质量检测报告、质量证明书。

案例启示

赣州江钨钨合金通过实施设备控制与监测系统改造,提升生产设备和工艺的智能化水平,有效减少能源消费和碳排放;通过实施烟气烟尘超低排放改造,既回收有价金属,又减少污染物排放;构建绿色采购制度,完善绿色供应链,从原料采购环节有效控制了有毒有害物质流入。赣州江钨钨合金推进生产方式绿色转型为有色金属冶炼企业绿色发展提供借鉴。

赣州江钨新材:推进熔炼系统改造与优化

赣州江钨新型合金材料有限公司(以下简称"赣州江钨新材")于2008年1月在赣州市注册成立,注册资本为25000万元,由江西稀有稀土金属钨业集团有限公司和赣州市国有资产投资集团有限公司共同出资组建。公司累计荣获64项专利,其中发明专利15项,填补了废杂铜加工领域多项国内空白。公司独立承担了国家行业标准《电工用火法精炼再生铜线坯》(YS/T793—2012)的制定,结束了再生铜产品无标准的历史。公司是全国唯一的"紫杂铜直接利用示范基地",是国家再生铜材加工领域传统工艺转型升级的标杆企业。先后荣获全国五一劳动奖、江西省优强企业、江西省优秀企业、江西省名牌产品等称号。

赣州江钨新材多年来重视节能减排和绿色低碳发展工作,坚持自主创新,持续推进高能耗落后机电设备淘汰计划,推进一批先进节能生产工艺及装备的科研成果转化应用,加快绿色工厂、智能工厂建设,推进能源结构、产品结构进一步优化,努力建设环境友好型企业。

一、推进熔炼炉改造,优化生产工艺

一是实施竖炉烧嘴改造。竖炉的燃烧方式由原来空气燃烧改造为富氧燃烧,提高了熔炼过程的燃烧效率,保证熔炉区域有足够的氧气以使废铜中夹杂的有机物得到充分燃烧,且烧嘴更不易堵塞,工人劳动强度大幅度下降,同时减少了生产辅材的消耗,天然气消耗量降低了10%左右。二是实施冶炼过程中阶段性降温技改。在长时间连续生产过程中对竖炉炉组实行阶梯性降温,使各烧嘴功率降低的同时满足工艺要求的最佳燃烧流量,从而降低天然气的使用量和保温炉喂线率,调整后天然气使用量从25000标准立方米/天下降至22000标准立方米/天,有效地解决了铜水温度过高和波动大的问题,预防了产品质量因温度过高空心缺陷。三是实施熔炼炉耐火材料升级改造。R1、R2精炼炉原设计渣线耐火砖为电熔再结晶镁铬砖,它是一种碱性耐火材料,而在铜进行氧化还原冶炼时的炉渣是含磷量很高的酸性渣。在这种冶炼条件下,原渣线耐火砖很容易被浸蚀,砖缝处腐蚀得更为迅速。新砌的渣线耐火砖使用50天左右,就必须对炉子进行检修。改进后,可使用90天左右再进行检修,减少了炉子的检修次数,延长了炉子的检修周期。经核算,一年可节省耐火材料成本约200万元。由于减少了炉子的维修时间,按一次检修时间15天,一年减少3次计算,一年可提高产

赣州江钨新材改进后的精炼炉耐火材料

量约13500吨(按每天300吨计算)。

二、实施变频技术改造,促进节能降碳

实施"大功率电机变频联控改造"项目,改造后,设备耗电量较改造前可降低20%左右。项目内容包括:一是SW160D型螺杆空气压缩机变频改造,将2台螺杆空气压缩机加装变频控制系统,可根据车间用气量自动调节设备负荷,达到节约用电的目的。二是竖炉烟尘系统风机变频改造,改变原有风机电机持续全功率运行的阀门控制风压设计,减少了电能浪费。

案例启示

赣州江钨新材积极推动熔炼炉系统改造,实施空压机、风机等通用设备变频技术改造,优化生产工艺与流程设计,有效提高生产效率、降低生产能耗,可为再生金属冶炼企业绿色发展提供借鉴。

江钨硬质合金：
建设EMS能源监控管理系统

　　江西江钨硬质合金有限公司(以下简称"江钨硬质合金")是江西钨业控股集团有限公司旗下江西钨业股份有限公司的全资子公司,于2006年8月注册成立,坐落于江西靖安县工业园区。公司主要从事高性能硬质合金、混合料及各类合金制品定制的研发、生产与销售,已形成数控涂层刀片、型材、地矿工具三大主打产品。现拥有硬质合金年产能规模1500吨,其中硬质合金数控涂层刀片2000万片,产品主要有六大类95个牌号约9100种规格。先后荣获国家绿色工厂、省级专精特新中小企业、江西省名牌产品、江西省优秀企业、省劳模创新工作室、全省"工人先锋号"等称号。

　　江钨硬质合金积极实施"绿色工厂"建设行动计划,一直以来通过不断完善生产技术及提升管理效率,坚持产品自主创新,大力推进绿色环保、节能降耗,取得明显成效。

一、建设EMS能源监控管理系统

　　公司积极实施数控涂层刀片智能车间示范项目,实现车间生产、销售、质检、物料等环节的信息化、自动化、智能化,运用先进的图像识别、人工智能等技术,建立以全生产流程管控和产品质量信息管理为核心的数控涂层刀片车间综合管理信息平台。项目中的"EMS能源监控管理系统"采用新一代5G无线移动通信

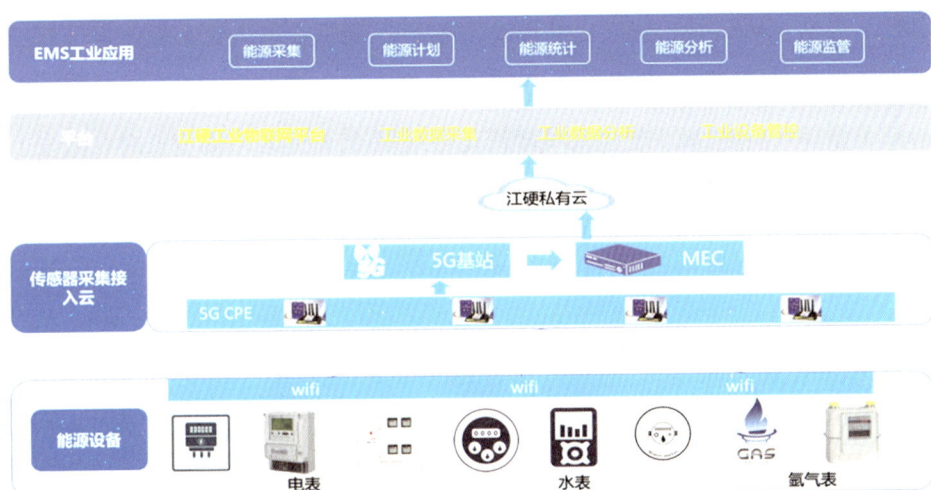

江钨硬质合金EMS能源监控管理系统

技术,建成具有监管体系、优能计划、智能数据分析和诊断能力的高效运行能源管控系统,有效提升了公司的生产效率,增强公司产品的质量稳定性,使各工序之间的衔接更加顺畅,最大限度地减少生产过程的能源消耗。能源检测总体架构主要由能源设备、5G传输网络、物联网平台和能源工业应用四部分组成,其中能源设备包含水表、电表和气表,传感器采集通过5G专网接入企业私有云平台,一方面通过WIFI接口下联能源设备,另一方面通过5GCPE接入5G边缘节点MEC,通过物联网平台汇聚能源数据,在EMS工业应用上实现能源采集、能源计划、能源统计、能源分析和能源监管等功能。

二、充分利用余压余热

公司通过改造低温液氩增压系统,提高供应硬质合金生产设备压力烧结炉低压氩气效率,充分利用余压余热,降低能耗。改造前,低温液氩储罐中液氩通过增压器后进行汽化(增压器压力低于0.5兆帕时汽化,达到0.8兆帕时汽化结束),送至低压氩气储气罐和低温液氩储罐气相部分(压力维持在0.6—0.8兆帕);改造后,增加一套低压氩气汽化系统,低压氩气储气罐和低温液氩储罐气相部分压力低于0.6兆帕时,汽化器直接气化液氩,将低压氩气送至低压氩气储气罐和低温液氩储罐气相部分,而增压器不启动。既保证了低压氩气运行压力也冷却了循环水温度,减少低温储气罐汽化器结霜(特别是环境温度低时),减少了液压泵启动次数及液氩损耗。

三、构建绿色供应商认证体系

构建绿色供应商体系,建立合格供应商名录,并纳入集团公司采购ERP系统中,确保物资从合格供应商处采购。从源头控制有害物资的购入,确保所采购原辅料符合标准。采购对产品有着直接影响的原辅料时,要求供应商对所提供的产品成分进行检测,并提供有检测资质单位出具的检测报告,对环保禁用物资的含量进行承诺。

案例启示

江钨硬质合金通过建设EMS能源监控管理系统,实现能源采集、能源计划、能源统计、能源分析和能源监管等功能。实施低温液氩增压系统改造,充分利用余压余热。通过构建绿色供应商体系,从源头控制有害物资的购入,确保所采购原辅料符合标准。江钨硬质合金在能源资源高效、清洁利用与管理方面的做法可为有色金属加工企业绿色发展提供借鉴。

鑫盛钨业：开展含氨废水废气资源化回收利用，实现氨回收平衡

江西省鑫盛钨业有限公司（以下简称"鑫盛钨业"）成立于2003年6月，位于定南县富田工业园，是一家专业生产仲钨酸铵（APT）材料的高新技术企业。2005年，江钨集团的入股使鑫盛钨业成为国有控股混合所有制企业。公司主要产品为仲钨酸铵（APT），年生产能力达5000吨。生产的单晶、球型、复晶、不同粒度分布等APT产品性能优良，品质高于国标0级，广泛应用于高端钨材料领域，在行业内具有较高的声誉，为"江西名牌产品"。

鑫盛钨业坚持优化生产流程、提高生产效率和减少资源浪费，采用先进的自动化设备和智能化系统，实现生产过程的精准控制和优化，减少资源浪费，2021年，公司被评为国家级绿色工厂。

一、含氨废水废气资源化回收利用

针对APT生产过程中主要污染物为氨气，选用中科院过程所设计研发的含氨废水废气资源化回收利用自动化控制成套设备，采用冷凝回收+盐酸喷淋吸附工艺，将废气中绝大部分氨气通过冷凝形成氨水回收，其余氨气通过盐酸喷淋吸附，形成氯化铵料液，氨回收效率可达99%以上。回用的过剩氨水通过氯化铵反应器配制成氯化铵供车间配解吸剂使用，实现氨回收平衡。此工艺不但可实现结晶氨尾气达标排放、含氨废水达标排放，使含氨废水、废气无害化，而且可大

幅度降低APT生产辅助材料氯化铵的使用,并能做到氨水自给自足,实现资源化利用、绿色化发展。

二、实施搬迁技改项目建设,引入生态设计理念

2018年7月,公司正式启动搬迁技改项目建设。在新厂房建设和产品工艺设计过程中,积极引入生态设计理念,在保证产品产量和回收率的情况下,减少能源和资源的使用。生产过程中采用微波干燥设备替代蒸汽烘干设备,由于含水分的物质容易吸收微波而发热,因此除少量的传输损耗外,几乎无其他损耗,微波干燥比红外加热节能三分之一以上;采用人机界面和PLC可进行加热工程、加热工艺规范和可编程智能自动化控制。采用高效环保节能的全自动天然气锅炉取代原先的燃煤锅炉,配置ModBusRTU协议实现远程控制,节能减排效果显

鑫盛钨业离子交换自动化设备

著,同时大大减少人员的劳动强度及人为误操作。新工厂生产主要使用清洁的电力和天然气,其中电力占52.99%,天然气占47.01%。

鑫盛钨业采用含氨废水废气资源化回收利用自动化控制成套设备,实现氨回收平衡、氨水自给自足,减少氨气排放的同时提高原材料利用效率。在新工厂建设过程中,引入生态设计理念,大大提高生产自动化水平,降低能源消耗。鑫盛钨业在含氨废水废气资源化回收利用、引入生态建设理念等方面的做法可为企业绿色发展提供借鉴。

江西保太：
建立废旧金属循环利用体系

江西保太有色金属集团有限公司(以下简称"江西保太")创办于2002年,坐落于鹰潭市余江县潢溪工业园区,是商务部批准的国家区域性大型回收利用基地,是工信部批准的"废钢铁加工行业准入企业""铝行业准入企业"。江西保太以金属回收为圆心,实行同心圆多元化,集回收、加工、精加工于一体,实现"回收市场+加工基地"的模式,得到行业内认可。先后荣获国家高新技术企业、江西省单项冠军培育企业、江西省专业化小巨人企业、省级绿色工厂等称号。"保太"牌铜材、"金连升"牌铝合金建筑型材、"保太"铝合金锭为江西名牌产品。

一、围绕"1236"布局理念,建立废旧金属循环利用体系

江西保太是中国废旧金属循环利用聚集地之一,采取的是"回收市场+加工基地+大数据平台"的综合产业链模式。为实现废旧物资循环利用,江西保太建立了循环产业布局。布局理念遵循一个同心圆、两个深加工、三大产业、六大产业链。一个同心圆:以金属回收为同心圆,实现金属产业多元化发展。两个深加工:铜深加工、铝深加工。三大产业:铜产业、铝产业、废钢产业。六大产业链:第一产业链是建立再生金属回收体系;第二产业链是生产铝合金锭、铝棒、铜棒、铜杆等初级产品;第三产业链是生产铝合金门窗、全铝家具等精品,还有铜板带、磷铜球的精加工;第四产业链是生产智能门窗、智能家具等智能产品;第五产业链

是"变废为宝",把铝灰生产成聚合氯化铝,把残渣再生产砖,从源头到尾巴都要"吃干榨净",让每个环节产生价值,形成了一个完整的闭环式产业链;第六产业链是屋顶太阳能光伏发电,公司开展了光伏发电建设项目,发电用于车间生产。江西保太利用物联网、大数据等技术,打造智能化、信息化、集约化的大数据平台,让废旧金属"智能流动",提高交易效率,降低交易成本,构建再生金属信息免费服务平台。

二、秉持循环发展理念,提高资源综合利用效率

江西保太秉持循环发展理念,在废铝回收、熔炼优化、废弃物防控技术及智能化管理的应用开发方面作出了不懈努力。一是在废铝回收方面,研究开发了适用的设备与技术。为应对不同废铝制品的拆解、轻薄松散废铝件的破碎与压

铝灰渣回收处理装备

块等,开发了多种不同金属的筛选设备。利用新废铝拆解回收技术减少废铝原料夹杂元素混入,提高铝的回收率,最大限度地去除金属杂质和非金属杂质,并使废杂铝有效地按合金成分分类,保证废铝再生过程的稳定性,综合回收率达到98%。二是在熔炼优化方面,率先尝试多个再生铝设备和工艺的改进。自主研发的"废旧漆包线脱漆处理烟化炉"和"紫杂铜再生精炼剂"等成果,已在生产线上成功转化。为提高再生铝循环利用效率,江西保太创新开发了更大更合理的158吨双室炉,该炉体实为一个炉组,由一个158吨的主熔炼炉(双室炉)、一个60吨副熔炼炉、两个60吨静置炉组成。采用底置直推式电磁搅拌铝液循环系统,使铝液更高效地在炉内循环,提高铝液融化速度,减少能源消耗。为提高熔炼炉热效率,通过改善加料方式、优化炉型结构,开发具备先进火焰对流方式、精炼窗口优化设计、烟气热量回收、收尘装置优化设计、精炼剂开发及使用工艺优化、自动浇铸机优化设计等,使再生铝熔炼炉热效率提高10%,达到40%以上,有效降低了吨铝能耗、减少了烟尘排放。三是在废弃物防控方面,持续开展有效措施与技术应对。采取有效预处理技术,实现源头消减。优化过程控制,保证熔炼温度在850℃以上,烟气急冷温度在250℃以下。采用末端治理技术,实现协同控制,减少废弃物和污染物的排放;对于全生产过程产生的粉尘开发相应收集设备,粉尘回收按配比经均化库处理做成AD粉。整个生产过程无弃料,实现铝灰渣的高效回收和利用。四是在效能管理方面,对生产设备进行智能化改造。增加物料的追溯,实现产物原物料损耗精确统计。加强生产设备远程实时监控、危险岗位安全预防,提高规范化管理水平。强化对监控数据实时分析,为生产工艺优化提供数据支持。

案例启示

作为国内再生资源加工领域的绿色制造企业,江西保太通过构建废旧金属循环利用体系、持续开展节能减排技术开发等,在废铝综合回收率及相应碳减排方面取得显著成效。围绕"1236"布局理念,建立废旧金属循环利用体系,通过整合产业链,增加了价值链,形成再生金属的综合加工和循环利用模式。同时,积极贯彻循环发展理念,提高资源综合利用效率,通过开发回收设备、优化熔炼炉、开展废物防控、实施智能管理,有效达到资源循环利用、节能减排降污增效。工厂在循环产业链布局、节能减排降污增效等方面的发展经验可为传统再生资源加工企业绿色发展提供借鉴。

金德铅业：开展
高铅渣液态直接还原炼铅工艺技术改造

江西金德铅业股份有限公司（以下简称"金德铅业"）位于德兴市香屯工业园区，于2007年12月注册成立，2019年建成投产，主要生产电铅、电银、黄金、氧化锌、铜锍、粗锑、精铋、硫酸等产品，主产品电铅为上海期货交易所注册产品，并被工信部评为绿色设计产品。公司年产电铅8万吨，可实现销售收入25—30亿元。近年来，金德铅业大力开展技术改造，努力改进生产工艺，在节能减排、清洁生产、发展循环经济、促进绿色发展等方面做了大量工作，取得了显著成效。公司先后荣获国家铅冶炼行业"能效领跑者"、省级绿色工厂、省级节水标杆企业等称号。

一、持续开展节能技术改造

实施还原炉改造，通过采用高铅渣液态直接还原炼铅工艺技术，实现了底吹炉、还原炉、烟化炉三连炉生产，淘汰了落后的鼓风炉、电热前床保温生产工艺设备，取消了焦炭使用。原"反射炉+冲天炉"的冰铜联合冶炼生产工艺改造为单一反射炉冰铜冶炼生产工艺，淘汰了落后的冲天炉，提升了劳动生产效率，大幅减少了能源消耗。实施余热发电技术改造工程，年发电量1300万千瓦时，回收高质量蒸汽冷凝水11万吨/年。组织实施烟化炉余热锅炉扩能技术改造，降低锅炉出口温度约100℃，提升了烟化炉系统余热利用水平。对铅电解精炼系统实

金德铅业高铅渣液态直接还原炼铅还原炉

施天然气蓄热器技术改造,节约天然气约40%。通过持续深入的节能改造,公司的能效水平不断提升,电铅综合能耗由高峰期的515.31千克标准煤/吨下降为2021年的261.19千克标准煤/吨,优于《高耗能行业重点领域能效标杆水平和基准水平(2021年版)》确立的铅冶炼电铅综合能耗标杆值(≤330千克标准煤/吨),达到行业先进水平。

二、全面加强日常能源管理

一是充分利用公司《学习园地》、企业公众号以及各种会议,加强员工节能降耗、低碳经济、绿色发展理念教育。二是不断完善能源管理基础工作,建立完善能源管理指标体系、能源计量体系、能源统计分析制度,实行能源制度化、常态化管理。同时公司建有能源管控中心,水、电、气、煤配置三级计量仪器,对各系统具体能源消耗进行实时计量、实时监控。三是形成能源管理例会制度。每月召开能源管理会议,通报各单位能源指标完成情况,总结分析上月能源攻关、能源管理取得的进展及存在的问题,布置研究下月能源攻关、管理工作计划。四是形成能源管理考核问责机制,将主要能耗指标纳入公司经济责任制考核,实行指标层层分解落实,充分调动各单位及广大员工节能降耗工作积极性,促进公司能源管理绩效的提升。五是强化生产技术管理,实行生产系统满负荷工作法,积极推行能源标准化、精细化管理,不断优化与能源消耗相关的各项工艺技术参数,加强操作管理,使各项能源消耗指标控制在计划范围。

案例启示

金德铅业通过优化生产工艺、回收废热等方式大幅度降低电铅综合能耗,获批铅冶炼行业"能效领跑者"。强化能源日常管理,建立完善的能源管理制度和问责机制,实现能源标准化、精细化管理。金德铅业在开展工艺技术改造、提高能源管理水平等方面的发展经验可为铅冶炼加工企业绿色发展提供借鉴。

章源钨业：创新黑白钨矿
碱法冶炼工艺与白钨短流程绿色冶炼

崇义章源钨业股份有限公司（以下简称"章源钨业"）始创于2000年，位于"世界钨都"——江西省赣州市崇义县，是国内集钨的采选、冶炼、制粉、硬质合金生产和精深加工、贸易为一体的大型钨行业骨干企业，于2010年在深交所上市。近年来，章源钨业带头践行绿色发展理念，大力实施技术创新和智能化改造，采用先进适用的工艺技术和智能化的生产方式，实现制造业绿色发展，经济效益倍增升级。公司先后通过了ISO14001环境管理体系、ISO18001职业健康安全管理等体系认证，获批国家高新技术企业、国家创新型企业、国家技术创新示范企业、国家绿色工厂等称号，旗下三大主营矿山为国家绿色矿山。

一、创新绿色高效工艺

章源钨业始终坚持创新发展，持续投入近亿元，历经数年创新黑白钨矿碱法冶炼工艺体系，开辟了白（黑）钨矿高效、洁净、低耗制取超高性能钨粉体的全新技术途径，获国家科学技术进步二等奖。公司开创了白钨短流程绿色冶炼新技术，全流程钨金属回收率提高了0.5%，废水减少70%以上，每吨APT生产成本降低2000元。公司通过自主创新，先后取得了"一种钨冶炼离子交换工艺废水的综合净化方法""去除钨离子交换废水中氟磷砷的方法""处理除砷污泥的方法"等环保专利10余项，解决了废水中砷、氟和氨氮等污染因子难处理的行业共性问题,尤其"含钨生产废料绿色循环高质量利用关键技术与产业化"项目获2022年中国循环经济协会科学技术二等奖。

二、聚力自动智能制造

公司秉承制造业高端化、智能化、绿色化发展理念,从2005年开始探索智能化转型升级。2022年,公司投资2.3亿元建设超高性能钨粉体智能制造项目,打造超高性能钨粉体全自动智能化、数字化生产线,可年产超高性能碳化钨粉5000吨。公司与设备厂商成功合作研发了全自动数字化回转还原炉,采用的回转动态还原技术成功打破了国外技术封锁;研发了一步还原碳化工艺,实现粒径80纳米以下碳化钨粉的量产;研发的全自动中频碳化炉,节省了大量人力物力,产能提高了6倍以上;研发的钨粉全自动包装设备,实现了桶清洁、精准灌装、自

章源钨业产业链图

动封装、自动贴标、机械臂堆垛等工序的全自动化,较好地解决了人工包装效率低的难题,工作效率提高3倍以上。公司还在数字化管理应用上积极探索,基于"5G+"工业物联技术打造3D数字孪生平台,以自主研发的MES系统为核心,深度集成能源管理、车间物流等智能化管理系统,通过物联网实时采集生产数据,以可视化图表方式把产能达成率、投入产出率、能耗等各项KPI指标,辅助管理者实时了解车间的生产执行状况,实现了数字化"无接触"管理。

三、强化人才研发支持

多年来,章源钨业始终高度重视人才队伍培养,为解决尖端技术、现代金融、信息技术等专业领域人才短缺的问题,深入推进与中国工程院、中南大学、江西理工大学等院校的合作,积极开设中高层管理干部研修班,相继组织考察学习团,到美国、德国、日本等国家学习先进思维、模式和技术。坚持产学研相结合,持续加大科技投入,以企业技术中心为依托,先后建立院士工作站、博士后工作站、海智计划工作站等平台,引进中国工程院院士陈毓川及其团队,引进海外专家7名,拥有高级工程师、博士14人。目前,公司荣获国家科技进步二等奖2项,省部级以上科技奖项14项,拥有授权专利290件,主持和参与《超细钨粉》等29项国家、行业标准的制定。

案例启示

章源钨业大力实施绿色冶炼工艺创新,创新黑白钨矿碱法冶炼工艺新体系,开创白钨短流程绿色冶炼新技术,解决废水中砷、氟和氨氮等污染因子的回收处理问题,实现含钨生产废料绿色循环高质量利用关键技术与产业化。推动钨产业智能化升级,有效提升了从冶炼到包装的生产效率,实现了对能源管理的数字化、精细化。同时加强科技人才引进与研发投入,提高企业科技竞争力。章源钨业在绿色冶炼工艺创新变革、生产废料回收、智能制造等方面的经验可为企业绿色发展提供借鉴。

江西金瑞环保：
力促再生铜生产自动化智能化

　　江西省金瑞环保科技有限公司(以下简称"江西金瑞环保")成立于2008年7月,注册资本4000万元,位于铅山县工业园区,是以城市矿产、各种废铜与废杂铜、含铜污泥以及电子废弃物等为原料进行综合回收铜、金、银、钯、锡、锌等不可再生的稀贵金属环保处置型、资源再生型企业。公司拥有年综合处理利用10.5万吨冶炼渣、年产10万吨再生电解铜的产能,年销售收入约80亿元。江西金瑞环保围绕再生铜生产能耗高、水耗大的问题,积极推动生产数字化转型,充分利用余能余水,实现能效、水效提升。先后获得铅山县纳税十强企业,企业上台阶奖等称号。

一、生产自动化智能化

　　从原料的输送→配制→入炉整个过程实现自动化、智能化,使用5G数据链,减少叉车、装载机等运输工具的使用环节,节约了燃油的消耗,节约了大量的人工成本。采用封闭式自动化物料输送系统,解决了物料洒落难题。火法冶炼炉均采用富氧工艺,高效节能。采用了智能化加氧装置,自动往鼓入炉的空气中加入纯氧,把鼓入炉的空气含氧量由普通空气的21%提高到28%—30%,更有利于冶炼炉温度的提高与控制,使燃料被充分地燃烧利用。

江西金瑞环保1#富氧熔炼炉

二、充分利用生产余能余水

公司建设三套余热收集装置，独创物料烘干房，把收集的余热传送到烘干房内，使烘干房内长年保持45℃左右的恒温，把制作好的物料通过机器人输送进烘干房内烘干，改变了传统自然晾干方式，提高烘干效率，降低烘干空间，提升烘干效果。建设完善"雨污分流、清污分流"配套设施，在厂区中部的东、中、西段分别修建了容量为750立方米、180立方米、1300立方米的污水收集回用池，在厂区北面低洼处建设了容积为5000立方米的初期雨水收集池，能满足极端暴雨天气条件下雨水收集及处理，并配套建设污水处理站。通过设施的建设，满足了雨水与生活污水排放符合环保要求，每年通过收集初期雨水回用于生产，节约用水5吨以上，实现生产废水零排放，水回收使用率达99%以上。

案例启示

铜冶炼企业普遍存在吨铜能耗高和吨铜新水消耗量大的问题,江西金瑞环保建立生产自动化智能化和充分利用余热余水等措施,实现了高效、节能、环保的生产,提高了铜、金、银等稀贵金属的回收率,降低了生产成本。企业还注重资源综合利用,建设污水处理站和收集初期雨水回用于生产等设施,实现生产废水零排放。江西金瑞环保在降低单位产品能耗与水耗的经验做法可为环保处置型、资源再生型企业绿色发展提供借鉴。

石化化工医药

九江石化：
协同减污降碳实现炼化企业绿色发展

九江石化隶属中国石化，原油一次加工能力1000万吨/年，是我国中部地区和长江流域重点炼化企业、江西省唯一的大型石油化工企业。自1980年10月建成投产以来，累计加工原油1.3亿吨，实现销售收入超5000亿元，实现利税超1000亿元。近年来，公司坚持创新驱动发展，积极推进提质增效、转型升级，先后获评全国智能制造试点示范企业、首批国家级绿色工厂、两化融合管理体系贯标示范企业、生态文明建设先进集体等称号。

2023年10月10日，中共中央总书记、国家主席、中央军委主席习近平亲临九江石化视察，通过在线监测平台详细了解企业打造绿色智能工厂、推动节能减污降碳等情况，对企业开展科学检测、严格排放标准等做法表示肯定。习近平总书记寄语九江石化，要再接再厉，坚持源头管控、全过程减污降碳，大力推进数字化改造、绿色化转型，打造世界领先的绿色智能炼化企业。

一、能源优化协同减污降碳

九江石化积极调整能源结构，从源头实现能源、资源的优化配置和污染物削减。针对生产装置存在大量的90℃—100℃低温热水无法合理利用的问题，公司与中船重工第七一一研究所联合攻关，成功开发应用低温余热有机朗肯循环发电技术,实现能源的梯级利用。该装置运行后平均年节电 1092 万千瓦时,节约标准煤 3822 吨,减少二氧化碳排放 9718 吨。

二、产品优化协同减污降碳

九江石化持续推进产品质量升级,自 2018 年 9 月 25 日起出厂的汽柴油全部满足国 VI 标准要求,较国家规定时间提前一个季度实现油品质量升级,每年可减少消费环节二氧化硫排放 1800 吨。注重科技创新,推动 30 万吨/年离子液烷基化装置顺利投产,打破了国际石油公司在清洁油品生产领域的技术垄断,生产的高辛烷值烷基化油能有效降低汽车尾气的杂质排放,能进一步改善空气质量。

三、工艺优化协同减污降碳

九江石化与齐鲁石化研究院联合开发的炼化含硫废气超低硫排放及资源化利用成套技术开发与应用,获得 2019 年度国家科技进步二等奖。通过提高硫回

九江石化催化油浆静电脱固技术应用试验现场

收率实现降低尾气二氧化硫排放,实现"变废为宝",硫磺装置外排尾气二氧化硫质量浓度降至35毫克/立方米左右,达到行业先进水平。投资7000余万元完成CFB锅炉SNCR脱硝、炉外脱硫、臭氧脱硝、高效管束式除尘改造,达到超净排放标准。800万吨/年油品质量升级改造工程使烟气NOx浓度控制在80毫克/立方米以下,硫总回收率可达99.9%。采用国际先进的PACT-WAR工艺实施污水处理场改造,污水处理实施装置化操作,精细化管理,全流程管控。2022年,外排污水COD平均值22.55毫克/立方米、氨氮0.22毫克/立方米,达到国内领先水平。采用"无害化处理油泥、浮渣和活性污泥的方法"及"加密楔形叶片式强化自清洁专利污泥干燥机"组合专利技术,建成污泥干化装置,油泥经浓缩脱水、破乳除油及脱水干化后,含水率降至30%以内,实现危险废物处置减量化、无害化,经济和社会效益显著,并作为重点示范技术在石化行业推广。

四、污染源头管控协同减污降碳

九江石化深入开展"隐患排查—源头管控—智能化监测"全流程土壤地下水污染防治工作,实施地下管网"可视化"等绿色化改造,开展"油不落地"和"污不入土"两个专项行动,实现土壤污染风险源头管控。结合土壤污染隐患排查,对土壤地下水风险等级进行划分,布设监测点位,持续开展土壤和地下水污染监测。累计布设47个土壤监测点,26个地下水环境监测井,连续六年开展地下水污染监测,检测项目包括总石油烃、25类VOCs、8类(重)金属及常规指标等53项。近六年来自行监测结果表明,九江石化地块内土壤污染物均未超建设用地土壤污染风险管控标准二类用地筛选值,地下水环境质量均优于控制指标(地下水环境质量IV类水),土壤和地下水环境质量总体保持稳定。

五、数智化控制协同减污降碳

九江石化加强在线监测平台建设,建设了一套国内先进的智能控制系统,实现全厂装置优化控制,提高了劳动生产效率和生产管理水平。该系统设备自动化控制率和生产数据自动采集率超过95%,近200块显示屏可展示各生产区域的技术参数、环境监测数据,实时有效监控生产与能源数据。企业还布置了850台可燃气报警、1000余处火灾报警、585套视频监控,实现集中管理和一体化联动,支撑安全、环保、健康(HSE)管理由事后管理向事前预测和事中控制转变。

案例启示

　　九江石化是我国中部地区和长江流域重点炼化企业、江西省唯一的大型石油化工企业,企业不断推进能源优化、产品优化、工艺优化,大力实施环境治理工程,积极推动数字化转型,进一步提高企业信息化、可视化、智能化管理水平,践行绿色低碳发展。九江石化通过协同减污降碳全面促进企业绿色发展的经验可为石油炼化企业绿色低碳循环发展提供借鉴。

江西蓝星星火有机硅：
研发有机硅生胶和混炼胶绿色技术

江西蓝星星火有机硅有限公司（以下简称"江西蓝星星火有机硅"），始建于1968年，是国家重点国防化工和化工新材料生产大型企业。公司资产规模60亿元，占地面积10平方公里，现拥有50万吨/年有机硅单体、18万吨/年有机硅下游系列产品、12万吨/年烧碱等生产装置70余套，82个系列670种产品，密封胶、低黏度乳液等六个系列产品在国内市场占有率第一。江西蓝星星火有机硅注重绿色发展管理，积极响应国家绿色发展号召，制定较为先进的绿色发展战略规划，加快绿色制造体系建设，在有机硅行业引领工业绿色发展。公司先后获批国家级企业技术中心、国家级绿色工厂、国家绿色供应链管理企业、国家绿色设计产品示范企业、国家级绿色关键工艺系统集成示范基地、国家有机硅工程技术研究中心星火有机硅分中心等称号。

一、研发绿色技术

公司通过与科研院所、高校及上下游企业组建联合体，采取"产学研用"合作方式，研发了多项绿色技术。一是有机硅生胶和混炼胶生产原料的预处理和储运绿色技术，涵盖DMC原材料的绿色化预处理、白炭黑的贮存和气力输送、白炭黑筒仓过滤器的先进反向清洗工艺的应用、筒仓中白炭黑的绿色气力运输工艺、发送包绿色技术等内容。二是通过建立生胶连续式绿色工艺和氢氧化钾自控加料系统,进而形成生胶的连续化自控技术。三是采用绿色碱胶催化剂代替传统的碱液、绿色酸胶催化剂代替酸液,大幅降低碱液酸液对设备的腐蚀和产品品质的影响,并实现绿色碱胶回收。四是通过循环生胶生产过程中的轻组分,混炼胶生产过程中的低沸物,减少原材料的消耗。应用上述技术,公司生胶单位产品综合能耗从187.5千克标准煤/吨下降到80.84千克标准煤/吨,混炼胶单位产品综合能耗从464千克标准煤/吨下降到260千克标准煤/吨,生胶单位产品取水量由91.2吨/吨下降至57.5吨/吨,混炼胶单位产品取水量由187.1吨/吨下降至131.5吨/吨,达到国际先进水平。公司开发《有机硅绿色关键工艺系统集成项目》入选工信部《绿色制造系统集成》项目。

二、推行绿色制造

公司按生态设计的理念,在产品设计开发阶段系统考虑原材料选用、生产、销售、使用、包装物回收、处理等各个环节对资源环境造成的影响,力求产品在全生命周期中最大限度降低资源消耗。在原材料选用上,选择通过了质量管理体系、职业健康安全管理体系、环境管理体系认证证书的产品,与供应商签订技术协议,并定期跟踪监督。同时对有机硅生产过程中的氯甲烷合成水洗酸、氯硅烷

江西蓝星星火有机硅公司污水处理站

合成氯甲烷尾气、甲基氯硅烷合成高沸物、107胶低沸物、硅油低沸物进行处理后,将回收的甲醇、氯甲烷、乙硅烷等作为原料,用于氯甲烷合成、甲基单体合成等,替代化学原料。在能源利用方面,采用天然气作为导热炉燃料,并充分利用余热余压。开展废水深度处理,污染物减排,实现资源循环利用。在生产过程中,保证使用的原料中有害物质满足有害物质限量要求,主要原料工业硅中的铅、镍、铬等有害物质含量,均满足标准要求。在推行绿色回收、废物资源化方面,星火有机硅产生的副产物—甲基三氯硅烷可作为所在园区内的卡博特蓝星化工(江西)有限公司生产原料,而其产生的氯化氢返回到星火有机硅作为合成氯甲烷的原料,形成了氯、硅、氢的三重循环,其中氯的循环利用率高达99.9%。

案例启示

江西蓝星星火有机硅采取"产学研用"合作方式开发多项绿色技术,取得显著的效益;遵循生态设计理念,从产品设计开发、原材料选择、生产制造、包装及运输、回收利用等全生命周期践行绿色制造。江西蓝星星火有机硅以有机硅生胶和混炼胶绿色生产技术研发为驱动力,推动企业绿色转型的经验可为化工企业绿色发展提供借鉴。

华润博雅生物制药：
倡导绿色研发生产管理，提高产品收得率

华润博雅生物制药集团股份有限公司(以下简称"华润博雅生物制药")位于抚州市高新技术产业园区，创建于1993年，2012年在创业板上市，2021年被华润医药控股，成为华润大健康版块的血液制品平台，是江西省唯一一家血液制品生产企业。该公司是以血液制品业务为主，集生化药、化学药、原料药等为一体的综合性医药产业集团，是全国少数人血白蛋白、人免疫球蛋白、凝血因子三大类产品齐全的企业之一，拥有90余个品种、近200个规格，核心产品人纤维蛋白原产品收得率和市场份额在国内处于领先地位。公司是国家高新技术企业、国家企业技术中心，建有江西省血液制品工程研究中心及博士后科研工作站。先后荣获福布斯中国上市公司百强、江西省五一劳动奖章、江西省科技进步奖一等奖等称号。

一、开展绿色研发

华润博雅生物制药倡导绿色研发，积极探索新型研发路径，最大程度降低研发过程中各种废弃污染物的排放，确保从原料供应到研发整个过程中，每个环节都做到减碳、减排。一方面开展技术创新，优化研发路径，从源头设计上减少化合物研究过程中有机溶剂的使用。另一方面开展管理创新，优化研发管理制度，遵循生态原理和生态经济规律，进而节约资源和能源，避免、消除或减轻产品研

发对生态环境的污染和破坏。华润博雅生物制药白蛋白、静丙、纤原收得率行业领先,吨浆收入、吨浆利润等多项指标国内领先,成为国内血制品行业的标杆,拥有各项授权专利200余项。

二、推进绿色生产

为提高产品质量、降低产品能耗,在保证产品质量的前提下,积极进行产品改良,白蛋白、球蛋白、人纤维蛋白等收得率进一步提升,显著提高了原材料的利用率。乙醇是低温蛋白分离生产工艺不可或缺的原料,但会产生大量含乙醇废液,直接排放将大大增加污水处理成本。企业通过乙醇蒸馏塔改造,对乙醇废液进行回收使用。2019—2021年,减少乙醇废液排放2000余吨,为企业节约800余万元,显著降低了环境风险,做到了生产效益与环保双赢。

华润博雅生物制药生产车间

三、实施绿色管理

一是完善质量管理体系。根据GB/T19001的相关要求,对照医药行业GMP相关规定,进一步推进文件体系标准化、操作流程标准化、现场管理标准化、评价指标标准化、培训考核标准化;建立"三全、三一致"的质量管理原则,使质量管理工作规范化、常态化。二是完善能源管理体系。按照GB/T23331的相关要求,优化能源管理体系文件,企业能源消耗情况开展动态管理,制定天然气能源管理方案,同时开展能源管理中心及企业光伏电站建设。三是完善环境管理体系建设。按照GB/T24001的相关要求,以及预防污染的思路,及时发现问题,找出原因,纠正不符合项,对相关文件进行修订、调整。四是完善职业健康及安全管理体系建设。按照GB/T28001的相关要求,结合GMP体系相关要求,聘请专业认证机构开展体系认证工作。

案例启示

华润博雅生物制药倡导绿色研发,积极研发新型工艺路径,最大程度降低研发过程中各种废弃污染物的排放,提高能源资源利用效率;全面推行绿色生产,开展产品改良,积极提升产品收得率,提高原材料的利用率,减少环境污染排放;从质量管理、环境管理、能源管理、职业健康及安全管理等角度全面构建绿色管理体系,提高绿色管理水平。华润博雅生物制药通过实施绿色研发、管理和生产,建立了药品绿色生产体系,可为医药企业绿色发展提供借鉴。

江西兄弟医药：
强化资源能源综合利用与共享

    江西兄弟医药有限公司（以下简称"江西兄弟医药"）是由上市公司兄弟科技股份有限公司于2014年投资建设的全资子公司，位于江西省九江市彭泽县矶山生态工业园，注册资金16亿元，现有员工1400余人。经营范围为食品添加剂、饲料添加剂、医药原料药的研发、生产与销售。江西兄弟医药积极推广绿色设计和绿色采购，开发生产绿色产品，采用先进适用的清洁生产工艺技术和高效末端治理装备，淘汰落后设备，建立资源回收循环利用机制，推动用能结构优化，实现工厂的绿色发展。公司先后获得国家高新技术企业、国家级绿色工厂、江西省企业技术中心、江西省智能制造试点示范企业、江西省智能制造标杆企业、九江市节水型企业等称号。

一、构建资源回收体系

    在固废利用方面，将热电联产项目燃烧后的煤渣外售至水泥厂作为水泥生产的原料，将氨法脱硫产生的副产物硫酸铵外售至化肥厂作为生产原料，减少固废对环境污染的同时，实现了资源的综合利用。在余热利用方面，充分利用固废焚烧炉产生的高温余热，将余热锅炉产生的蒸汽并入蒸汽管网，达到资源利用最大化、危废减量化以及余热能源利用的效果，不仅节约能耗还创造了一定的经济效益。在冷凝水的回收利用方面，公司各工艺生产装置、蒸汽输气管网均配套有

江西兄弟药业热电联产锅炉

蒸汽凝结水收集装置,收集的凝结水通过总管输送给热电厂蒸汽锅炉实现再利用。此外,公司对生产车间包括采暖、空调、工艺间接加热器等在内的主要用汽设备所产生的低压冷凝水进行回收利用,或经调配成为生活用水,进而节约软水用量。凝结水回收装置设计年可节水49万吨以上,节能4400吨标准煤。

二、建设集中供热项目

彭泽县工业园矿山工业区内由于缺乏热电厂,用汽单位主要依靠小型燃煤锅炉提供蒸汽。随着节能减排工作的深入推进,对环境的要求日趋严格,一些大项目由于没有公用供热设施作为配套基础设施而无法落户。公用供热设施的缺乏成为彭泽县工业园矿山工业区社会经济发展的制约条件之一。江西兄弟医药积极为园区排忧解难,在园区内建设热电联产项目,容量5炉4机,机组总发电容量为60MW,总供蒸汽量约为174吨/小时,同时产出脱硫副产硫酸铵。

案例启示

　　江西兄弟医药通过充分回收利用生产的固废、余热、副产物和冷凝水等资源,构建公司内部资源回收体系。通过建设热电联产项目,为彭泽县矾山工业园区内企业供热,实现园区内企业能源共享。江西兄弟医药在充分利用公司内部的能源、资源,回收固废与副产物,展示企业担当,建设集中供热项目等方面的经验,可为企业绿色发展提供借鉴。

江西金利达钾业：实施
硝酸钾"物料+冷媒双循环"结晶工艺改造

江西金利达钾业有限责任公司（以下简称"江西金利达钾业"）成立于2007年，位于江西宜春经济技术开发区，是专业研发和生产硝酸钾及其系列产品的国家高新技术企业。企业生产规模和技术水平达到国内领先水平，其中，以触摸屏等光学玻璃用硝酸钾为主的"新材料"系列产品已替代进口；以储能熔盐为主的"新能源"系列产品成为国内光热发电站首选储能材料；以新型生态肥为主的"新农业"系列产品出口到50多个国家和地区。工厂开发了50多项拥有自主知识产权的专利技术和科技成果，获得江西省科学技术进步奖二等奖、三等奖和江西省专利奖。江西金利达钾业以"转型升级、创新发展、科学发展"的目标，以节能、降耗、减污、增效为原则，发展绿色生产力，增强绿色创新力，提高绿色竞争力，着力推动公司转型升级，实现又好又快的可持续发展。先后获得国家级绿色工厂、中国石油和化工优秀民营企业、国家专精特新小巨人企业、江西省专业化小巨人企业和江西省专精特新企业等称号。

一、开发绿色制造新技术

硝酸钾生产工艺方面，由于硝酸钾生产中蒸汽成本约占总成本的12%—15%，公司充分利用当地现有的大量稻米加工厂，将稻谷壳、花生壳等生物原料加工为成型的生物燃料，以生物质锅炉替换原有燃煤锅炉，在产品产量不变的情

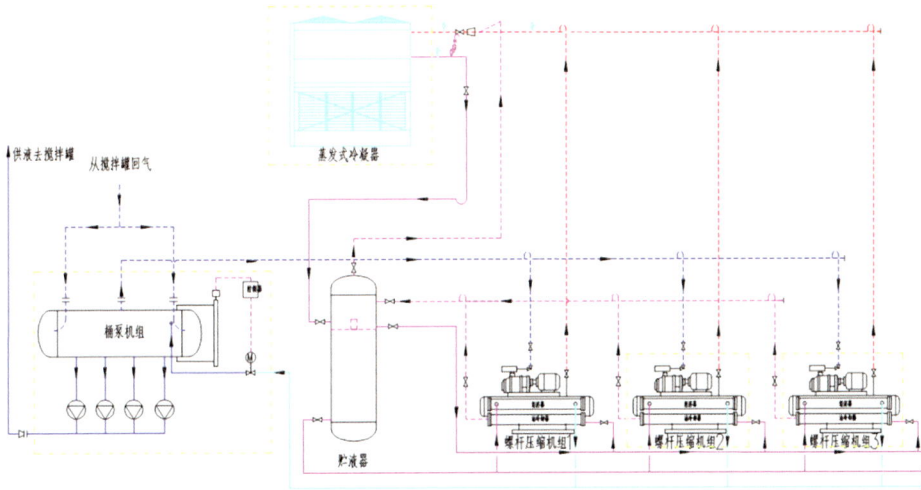

江西金利达钾业冷却结晶改造工业设计图

况下,实现每吨蒸汽比原来燃烧煤时节约成本30.3元。按每台蒸汽锅炉平均每天产蒸汽17吨计,30台蒸汽锅炉每月节约成本46.36万元。在冷却结晶工艺改造方面,公司采用一次连续生产双循环结晶器和二次冷冻结晶方式对硝酸钾结晶工序进行技术升级,将原有单个一次水冷结晶方式改造成一次连续生产双循环结晶器和二次冷冻结晶方式,冷却介质改为冷冻液。通过物料和冷媒强制双循环的方式,实现快速冷却,水电消耗分别降低80%和13%,同时提高了冷却工艺的智能化程度。

二、推动绿色科技成果产业化

采用自主研发的专利技术和具有较好除杂效果的自制提纯剂,对化学钢化玻璃生产厂家废弃的硝酸钾进行回收提纯处理,只需经热熔提纯、漂洗、干燥即可生产符合工业硝酸钾国家标准指标要求的硝酸钾产品,比全工艺流程生产硝酸钾产品成本降低21%,产生非常好的经济效益和社会效益。以硝酸钾生产的副产品氯化铵为主要原料,根据市场需求生产适合于水稻、大豆、花生等其他作物的配方专用肥,既提高了副产品氯化铵的附加值,又延伸了公司产业链。公司通过对自主研发的"一种硝酸钾的制备方法"专利成果进行产业化,牵头制定《绿色设计产品评价技术规范——硝酸钾》等行业标准和团体标准并加以推广,提高了企业产品的市场竞争力。

案例启示

　　江西金利达钾业通过对原有硝酸钾生产线进行绿色技术集成升级,获得制备高纯硝酸钾的提质降耗工艺技术路线,解决了余热回收利用、生产副产物及废渣的资源化利用、循环水利用等一系列绿色发展瓶颈技术问题。推动废弃的硝酸钾回收提纯处理、副产品氯化铵生产配方专用肥等绿色科技成果产业化,提高企业竞争力。江西金利达钾业在绿色系统集成、科技成果产业化方面的经验可为企业绿色发展提供借鉴。

江西永宁：实施母液循环利用，实现资源节约集约

江西永宁科技有限责任公司（以下简称"江西永宁"），肇始于1991年创建的铜鼓县永宁化工厂。2017年8月改制重组，由国有上市公司江西国泰集团股份有限公司出资控股新成立。公司一直专注于深加工高氯酸钾产品的开发、研究、生产和销售，目前高端高氯酸钾市场占有率在60%以上。在做精做优高氯酸钾的基础上，公司紧跟行业趋势和技术进步，积极拓展开发新的应用领域，依托宜春市工程技术研究中心、宜春市企业技术中心，持续为客户提供满足业务需求的工业高氯酸钾。公司是国家高新技术企业，安全生产标准化二级达标企业，荣获江西省专业化小巨人企业、江西省制造业单项冠军培育企业、江西省专精特新中小企业、省级绿色工厂、省级信息化和工业化融合示范企业等称号。

一、实施资源节约利用

公司生产所需的原材料氯酸钠和氯化钾均为危化品，近年来，公司通过采用先进的技术工艺及设备，使得单位产品主要原材料的消耗量呈现出逐年下降的趋势，而且通过回收母液中的高氯酸钾和氯酸钠也使得原料的投入进一步减少。为避免使用氯酸钠、工业盐等有毒有害原材料，公司生产采用国内成熟且稳定的电解法生产高氯酸钾，并通过氯酸钾与高氯酸钠电解液进行的复分解反应，经离心洗涤、分离、脱水、干燥后提炼出高氯酸钾，而母液澄清冷冻后则经过新引

进的MVR强制循环蒸发结晶系统回用于电解工段,整个生产过程为闭路循环,有效减少了污染物的产生与排放。在产品包装方面,公司在符合相应标准的基础上,选用不含有技术要求规定违禁物的可循环利用纸箱,重点对产品的包装、搬运操作和储存中的环境因素进行识别,确定重要环境因素,并按要求制定了相应的管理和控制措施。

二、开展节能降耗改造

为减少生产过程中的废热排放,充分利用生产工艺产生的热量,通过技术升级改造对部分废热进行回收利用,使干燥机进风温度由常温提高至80℃,进而减少蒸汽消耗35%以上;新增高温水源热泵对二次电解排放的40℃冷却水进行热量吸收,以较小的电能消耗换取了较大的热量(水温提升到75℃,功效比达到1比5以上),每小时换热量为560千瓦(48万千卡)。以上交换出的热量,通过管网和一系列的自动阀门,分别存储在三个总计1000万千卡的不锈钢保温储热中心,并由该中心将热量统一分配给溶解氯化钾、氯酸钠工序和高氯酸钾、高氯酸钠的配料工艺中,用以替代锅炉蒸汽,进而达到节省蒸汽的目的;对干燥尾气室排放的80℃尾气热量进行回收,通过四组翅管换热装置,每小时可回收340千瓦(30万千卡)的热量。公司通过热能回收工艺每年共计减少生物质消耗1000吨左右,折合标准煤571吨。

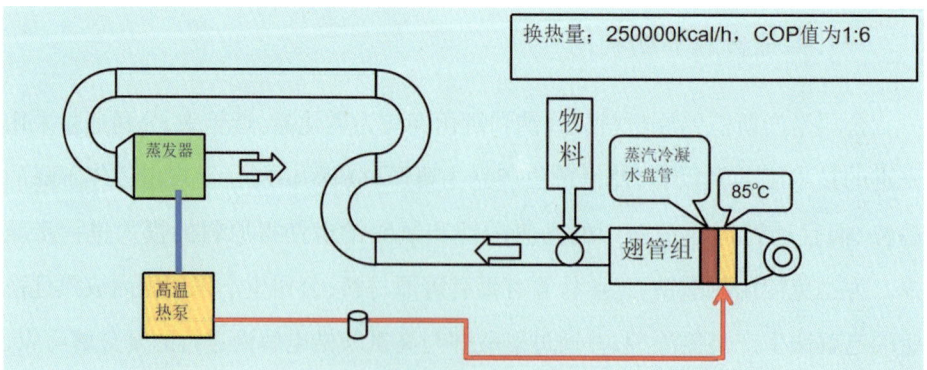

江西永宁废热回收利用工艺图

公司将原有的燃煤锅炉改为生物质锅炉,由于生物质颗粒燃料的低含硫特性,改造后的锅炉大大减少了二氧化硫的排放。针对其他生产所需的各种能源消耗,企业均配备了多级计量装置,实现对能源消耗的有效监控;针对冷却塔降温效果不良导致的氯酸钠真空结晶器冷效差的现状,公司对冷却塔的喷头、布水及风机叶片做了特殊设计,冷却效率提升30%以上,年节约用电15万千瓦时。

三、加强环境排放管理

对于生产过程中的废水、废气,企业通过工艺改进、技术升级,使外排的废物均达到国家标准。废水主要包括生活污水、化验室废水、设备生产废水、地面清洗废水、锅炉房软化废水等,采用生物接触氧化处理工艺可日处理规模为80立方米,排放浓度符合《污水综合排放标准》(GB8978—2002)。废气主要包括锅炉烟气和工艺废气(氯气和粉尘),其污染因子主要为二氧化硫、氮氧化物以及粉尘。锅炉烟气经多管除尘+布袋除尘后可通过40米高的烟囱排放,外排浓度符合《锅炉大气污染物排放标准》(GB13271—2014);氯酸钠电解废气经过四级碱液塔处理后经25米高排气管达标排放,高氯酸钠电解废气经填料塔+旋流板塔串联净化后通过22米高空排放;干燥废气经集尘罩+干燥除尘器后通过15米高排气管排放,外排废气均符合《无机化学工业污染物排放标准》(GB31573—2015)限值要求。

案例启示

江西永宁作为国内高氯酸钾生产领域的绿色制造企业,通过优化调整工艺流程,开展母液MVR强制循环蒸发结晶系统回用,减少原材料消耗,持续开展节能减排技术改造,通过改造燃煤锅炉、冷却塔的喷头、布水及风机叶片,实现能源集约利用。公司在提高能源资源节约集约利用效能,加强环境管理方面的发展经验可为传统化工生产企业绿色发展提供借鉴。

九江富达：开展绿叶认证，实现绿色升级

九江富达实业有限公司（以下简称"九江富达"）位于湖口县高新技术产业园区，成立于2003年1月。公司是专业从事染料、染料中间体及其他化工产品研发、生产及销售的龙头企业，产品主要应用于中高档纺织面料和有特殊化染色需求的纺织面料的染色，其中，"艳棱"作为企业的注册商标，在纺织品染料化工行业拥有较高的知名度。九江富达先后投入4亿元全面实施环境、环保、安全、技术"四大升级"，引进先进的生产、管理体系，实现原料无害化、生产洁净化、废物资源化、能源低碳化、管理精细化。公司通过了质量管理体系认证、环境管理体系认证、两化融合管理体系认证，并先后荣获第九届中国技术市场金桥奖、国家高新技术企业、国家知识产权优势企业、首批省级绿色工厂、江西省科技进步奖、江西品牌建设先进企业、江西省管理创新企业等称号，拥有授权专利45项，参与制定国家标准2项，行业标准2项，团体标准1项。

一、实施绿色供应链管理

在产品生产方面，公司重点围绕绿色、低碳的产品理念，开发出具有高强度、低成本、环保型特点的分散蓝77、分散蓝56、分散蓝73等系列产品，产品通过了中国工业染料协会等权威机构检测，所检项目可萃取重金属的10项指标和甲醛含量均为未检出，全部达到欧盟规定的要求，并通过了绿叶认证。公司为蓝77行业标准（HG/T 4966—2016）的第一起草单位，蓝56国家标准（GB/T 25802—

2017)的第三起草单位。在绿色采购制度方面,制定采购技术标准、采购制度,并不断进行改进和完善。在产品供应链的选择上,优先选择通过ISO9001、ISO14001认证的供应商,并对硫酸等原料重金属(Pb、Hg、As)进行重点管理。同时,公司对供应商进行定期审核,每年对合格的供应商进行跟踪复评,从质量、交货期、价格、售后服务等方面对供应商进行选择和管理,建立对应的供应商评审表,并不断更新完善《合格供应商名录》。在供应商绩效评估制度方面,公司建立了供应商管理系统、供应商绩效考核评价体系,供销部根据《供方评价表》《年度供应商考核评分表》及供方日常合作情况,每年从质量保证体系、生产操作环境、产品供应保障等方面对供应商进行年度绩效综合测评,评选出合格供应商,并不断更新完善《合格供应商名录》,确保供方能够提供符合工厂环保要求的原材料、装置、配部件。

九江富达化工尾气吸附塔

二、采用母液循环回收利用与活性炭再生技术

安装国内最先进的MVR母液循环套用生产装置、自动压滤洗涤生产装置等装置,提高固废物(液)回收循环利用。利用自主研发的专利技术对废水、废酸处理设施进行改造,将浓酸母液废水通过液氨吸收生产出达到出口标准的硫酸铵,实现硫酸铵的自动化和清洁高效生产,提升了染料酸性废水的循环利用和资源化水平。采用活性炭再生技术,使吸附塔吸附处理后的废炭经过洗炭流程将废炭盐分清洗干净,配置再生炉,对吸附饱和后的活性炭进行焚烧活化,通过减压蒸馏等方式实现溶剂全部回收套用,产品物料结晶好,物料析出完全、收率高。采用硫酸母液回收利用装置,回收硫酸母液代替新硫酸生产分散橙288,节约硫酸,减少酸性废水的产生。采用母液回收套用装置,苄基苯胺母液回收套用生产单氰,降低氯化锌和冰醋酸的消耗,减少污水处理负担。2022年,公司处理废水30多万吨,通过活性炭再生技术减少活性炭用量达上千吨,通过MVR技术回收硫酸铵3.78万吨,为公司创造销售收入4000多万元。

三、加强智能监测与管控

通过执行ISO14001环境管理体系标准,结合公司自身特点,将环境保护、节能减排融入每个经营管理环节,对污水排放实行24小时在线监测,确保水资源多次循环再用。公司采用分散染料行业全流程的自动化生产管控系统,引进包括自控DCS、PLC系统、全自动包装设备等行业内先进的设备,进而有效降低了原料和蒸汽、电力的消耗,减少了母液废水的排放。此外,对用电、用水等能源资源消耗环节、热损失环节进行经济型评估,最大限度地利用能源和原材料。

案例启示

  九江富达严格把控原料、产品、标准、供应商全过程,实施绿色供应链管理,并通过绿色标志认证,提升产品环境影响评价;改造母液循环回收利用装置,实现硫酸母液回收,并采用活性炭再生技术,提高了废物综合利用水平;加强环境自动监测与生产全流程自动化管控,实现精细化管理。九江富达在产品品质提升、废物综合利用等方面的可持续发展模式可为化工企业绿色发展提供借鉴。

建　材

江西瑞金万年青水泥：
打造"智慧化"工厂，实现生产绿色低碳转型

　　江西瑞金万年青水泥有限责任公司（以下简称"江西瑞金万年青水泥"）始建于2005年，是江西南方万年青水泥有限公司的全资子公司。公司占地面积975.25亩，投资总额17亿元。配套建设四台水泥粉磨系统和两条9MW余热发电系统，并建有铁路运输专用线，目前年产水泥生产规模为400万吨。

　　公司通过了质量管理、测量管理、环境管理、职业健康安全管理等四大体系认证；8个等级或品种的水泥产品通过了产品质量认证，硅酸盐水泥熟料/M32.5水泥/P.O42.5/ P.O42.5R通过Ⅲ型环境声明（EPD），42.5级普通硅酸盐水泥取得中国低碳产品认证，3种产品通过了碳足迹认证。江西瑞金万年青水泥以减少环境影响作为公司目标，始终坚持环境友好型、资源节约型的发展之路，做好6S现场管理，以全面推进绿色制造、构建绿色制造体系为引领，积极创建"厂房集约化、原料无害化、生产洁净化、废物资源化、能源低碳化"的绿色工厂。公司获得工信部核定颁发的《两化融合管理体系评定证书》，被列入国家级绿色矿山名录，2022年被评为国家级绿色工厂。

一、工厂"智慧化"升级

　　公司引进了法国施耐德能源管理中心控制系统，采用全过程集散式控制系

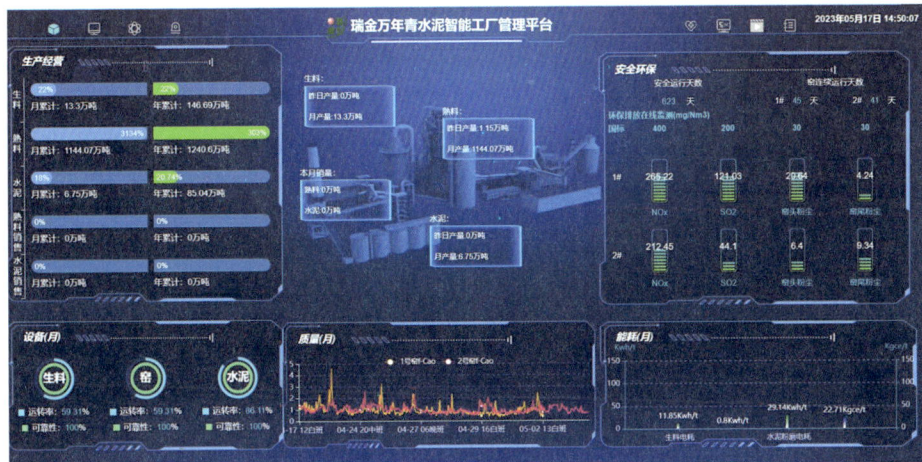

江西瑞金万年青水泥智慧水泥工厂管理平台

统监视,实现能源计量、统计分析、比对考核全覆盖,分析结果用于指导实际操作,能耗控制能力进一步提高。以国家"03专项"项目建设为契机,联合中国电信江西分公司利用目前最先进的5G技术,融合公司运行的DCS、能管、ERP、一卡通、生产视频监控、保安视频监控、环保在线监控等系统,通过以5G无线连接企业、车间、设备、人员等各环节,打通企业数据流、业务流、管理流,为实现企业节能降耗、柔性生产等提供可靠保证。

二、产品"绿色化"生产

对高能耗设备进行改造,如原料立磨系统循环风机改成高效风机,可节电265万千瓦时/年;箅冷机一段风机和窑尾高温风机进行高效风机技改,可节电151万千瓦时/年;实施窑炉系统优化升级提高燃烧效率,电机能效提升、风机节能改造、变频改造等措施提高用电效率,每吨熟料电耗控制在56千瓦时以内,单位水泥能耗降低5%左右。实施水泥窑脱硝技改项目,采用选择性非催化(SNCR)脱氮技术,去除废气中的氮氧化物,废气中氮氧化物平均质量浓度低于300毫克/标准立方米。积极推广余热发电,熟料余热发电装机容量2×9MW,发电量13203万千瓦时,扣除自用电后年供电量达到12387万千瓦时,相比燃煤发电项目年可节标准煤35525吨,减少二氧化碳排放65116吨。

三、资源"循环化"利用

采用工业副产品作为原材料,公司使用冶炼厂产生的有色金属灰渣作为铁质校正原料;使用火力发电厂和化工厂产生的脱硫石膏、氟石膏粉作为水泥缓凝材料代替部分天然石膏;冶炼厂产生的有色金属灰渣、自有骨料线产生的废石、煤矿开采产生的煤矸石作为粉磨水泥用混合材,替代天然原材料,大大减少了对原矿资源的使用。公司每年使用有色金属灰渣、磷(氟)石膏、废石、煤矸石、燃煤炉渣等工业废渣替代天然矿产原材料在100万吨以上,其中建设年生产300万吨的建筑骨料及机制砂生产项目,实现对低品位废石、夹层废石、溶洞土岩、红紫色石灰岩砾岩、高镁厚燧岩等的综合利用,可实现产值1.4亿元以上,创税300万元以上。

江西瑞金万年青水泥余热发电

案例启示

　　江西瑞金万年青水泥引进了先进的控制系统和5G技术,提高了能源计量和能耗控制能力,打造"智慧化"工厂,为企业节能降耗、柔性生产提供了可靠保证。通过实施设备改造和窑炉系统优化等措施,持续优化生产工艺,降低单位水泥能耗。采用工业副产品为原料替代原矿资源,实现资源循环利用。公司在智能制造、绿色低碳生产等方面的探索可为水泥生产企业的绿色发展提供借鉴。

江西银杉白水泥：
坚持开发新模式，研究新产品

　　江西银杉白水泥股份有限公司(以下简称"江西银杉白水泥")成立于2013年10月,位于江西省吉安市安福县工业园区,注册资金4400万元。公司专业生产和销售白水泥,是目前中国大陆仅有2家生产P.W 52.5级高端白水泥生产商之一,也是国内唯一可以生产92亨氏白度的白水泥厂家。目前,公司获批国家发明专利9项,实用新型专利35项,是国家高新技术企业、江西省专精特新企业,参与白色硅酸盐水泥等3项国标和行标的制定。江西银杉白水泥非常重视白水泥节能降耗以及生产中对工作环境及周边环境的影响,加快建立完善的环境保护与能源节约管理系统,确保企业可持续发展。2018年获江西省技术发明二等奖,获2019年度中国建筑材料联合会技术发明二等奖,2021年获评国家级绿色工厂。

一、坚持"产学研"科技创新模式

　　公司以持续稳定的研发投入致力于原创技术研究,不断取得研发及技术突破。先后与东南大学、南昌大学材料学院等科研机构深度合作,开展UHPC干拌料用于免烧陶瓷开发,研究人造大理石配置。建立白水泥衍生产品应用技术服务研究院,成功研发免烧陶瓷、白水泥雕塑砂浆等新产品,开发磷酸盐胶凝材料。建设装饰保温板材示范生产线,开发功能性板材、功能性粉体材料以及白水

研发人员对原材料分析检测

泥雕塑砂浆。参与基于复合漂白与生物质复合燃料煅烧高等级白水泥熟料关键技术研究,开发白水泥熟料颗粒分级复合漂白工艺技术与装备,解决了传统漂白工艺出窑高温熟料热能难以回收的问题,大幅提高水泥窑二、三次风温度,熟料烧成热耗明显减低,漂白用水节约50%以上,显著提高水泥窑产量,并确保熟料白度和强度。该技术利用钽铌尾矿作为硅铝质原料替代叶腊石,有效降低了生产成本。

二、开发废弃物资源循环利用模式

公司充分利用当地尾矿和钨矿废渣资源,采用在线煅烧固硫技术、脱硝技术,熟料质量及综合能耗均达行业领先水平。利用当地丰富的大米加工废弃物(如谷壳、秸秆等)作为生物质燃料,代替部分煤炭与石油焦,从源头上减少了污染物的产生。为有效利用废气余热资源,公司配有一套低温余热电站,窑头废气配备一台 AQC 余热锅炉,窑尾废气配备一台 SP 余热锅炉,与两台余热锅炉配套设置 3MW 凝汽式气轮发电机组一台及 DCS 控制系统,年发电量达 1576.8 万千瓦时。

案例启示

　　江西银杉白水泥采用"产学研"紧密合作的科技创新模式,研发一系列低能耗、短流程、高性能材料制备技术与装备和新产品。江西银杉白水泥坚持绿色技术引领,走生态发展道路的经验可为水泥行业的生产企业绿色发展提供借鉴。

马可波罗控股江西基地：
推动高掺量抛光渣产业化应用

马可波罗控股江西基地，包含江西和美陶瓷有限公司、江西唯美陶瓷有限公司，是马可波罗控股股份有限公司于2007年在江西丰城设立的生产基地，是一家集研发、生产和销售陶瓷砖、文化砖为一体的国家高新技术企业，拥有"马可波罗瓷砖"和"唯美L&D陶瓷"等主打品牌。企业全面通过国家3C体系认证、欧盟Intertek CE认证、ISO9001国际质量管理体系认证、ISO14001环境管理体系认证和ISO45001职业健康安全管理体系认证，拥有行业首批通过CNAS（国家实验室）认证的国家级实验室。马可波罗控股江西基地积极推动节能减排、优化能源结构，注重节能环保技术、工艺和设备的研究、开发和应用，在生产制造的各个环节严格遵守各项环保标准，向着绿色、可持续发展的道路前进，践行"双碳"战略目标。先后获得国家级绿色工厂、绿色示范企业认证、全国建材行业先进集体、全省先进非公有制企业等称号。

一、低碳循环力促能源资源清洁利用

江西和美陶瓷全面停用煤质气，改用管输天然气清洁能源，从源头上实现清洁生产，2021年天然气用量1.68亿立方米。通过窑炉余热回收系统，充分回收热能再利用，实现利用率最大化。2019年，公司充分利用企业自身厂房屋顶铺设单晶硅太阳能电池板，建成光伏建筑一体化BIPV项目。年发电量超过1亿千瓦时,发电量90%以上可自行消化使用,可减少标准煤29303吨/年、减少二氧化碳排放91298吨/年、减少二氧化硫排放2747吨/年。公司建设4座现代化的原料污水处理站、5座磨边污水处理站,实现了生产废水零排放;建立4个雨水收集沉淀池,占地30亩,容量共达35000吨,可减少自来水用量超过80万吨/年。成功实现了高掺量抛光渣在釉饰陶瓷砖中的产业化应用,企业磨边抛光的废渣、废旧瓷砖全部实现二次利用,同时回收利用丰城高新区内陶瓷企业的废渣,年废渣消耗量超过10万吨。

二、数智赋能引领企业高质量转型

基地每年投入6000万元以上进行自动化、智能化升级转型,在行业内首创储砖系统;引入医用行业精准配料系统建立自动化精准配料,效率提升了300%以上;生产线配备AGV转运,在行业内率先推广自动分级、打包系统,引入机器

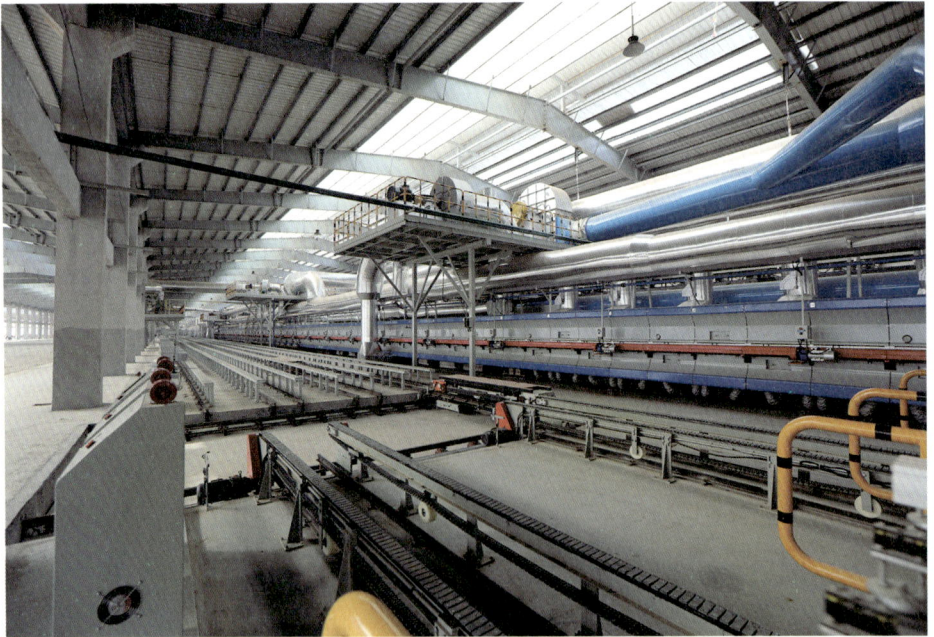

马可波罗控股江西基地五层立式干燥窑系统

人拣砖、码垛系统,推广整托入库发货系统;在国内首创五层立式干燥窑系统,建立智能化、智慧化、现代化窑炉,实现数字化到数智化的转型;建设智能化、自动化陶瓷生产示范基地,搭建三维立体布料系统,创建AI智能系统/连纹技术。基地使用数字化智能窑炉,通过数字化智能监控实时掌握烧制状态,自调节火力大小、配合数字化喷枪自动调整空燃比等数字技术实现能效最大化;通过数字化远程控制,实现一键转产。对比传统窑炉,每平方米能耗下降15%,能耗指标达国家标准先进水平。通过持续的自动化、智能化改造升级,生产线由150人/线精减至60—80人/线,实现同等规模均线用人最少化。

案例启示

　　马可波罗控股江西基地在陶瓷砖产品生产中,一方面持续推进能源资源清洁低碳循环,通过实施煤改气、建设屋顶光伏以及充分回用废渣、废旧瓷砖等措施,不断提升企业绿色生产水平;另一方面通过数智赋能,国内首创五层立式干燥窑系统,建立智能化、智慧化、现代化窑炉,实现数字化到数智化的转型。马可波罗控股江西基地在能源资源清洁低碳循环利用,数据驱动智造方面的发展经验可为传统陶瓷生产企业绿色低碳循环发展提供借鉴。

江西新明珠建材：
实施技术装备升级，推广陶瓷产品轻薄化

江西新明珠建材有限公司（以下简称"江西新明珠建材"），2007年开始筹建，位于江西省宜春市高安中国建筑陶瓷产业基地，是新明珠陶瓷集团以"专业化+区域化"的全国战略布局建立的大型陶瓷工业园之一。公司园区占地面积2000多亩，总投资22亿元，计划建设16条高档环保型陶瓷装饰装修材料生产线，现已建成8条生产线，拥有员工1000多人，年生产能力可达4800多万平方米。主要生产现代仿古砖、大理石、全抛釉、陶瓷岩板等多种系列的中高档建筑陶瓷数码喷墨釉面产品。江西新明珠建材高度重视绿色发展和节能减排，积极投入节能环保新技术、新产品的研发与改造工作，进一步深化环保治理技术综合管控，重点对陶瓷生产过程中产生的"三废"环保问题进行全方位的监控和治理，积极探索建设绿色制造体系的新方法、新路径。公司先后获评国家级绿色工厂、江西省质量管理先进企业、江西省质量管理AAA级企业。

一、技术升级实现产品减轻减薄

江西新明珠建材新建2条智能自动化生产线，率先使用立磨预破碎与坭类化浆标准化制备技术、大数据平台的辊道窑智能管控系统及方法、高强易加工陶瓷岩板技术等，实现陶瓷产品薄型化。所生产的陶瓷产品、厚度达3毫米–6毫米，仅为普通陶瓷砖的1/2–1/3，原料用量减少50%左右，能源节约33%以上。通

智能化生产车间

过调整原料配方,降低烧成温度,将烧成温度从原来1200℃降低为1180℃,窑炉单位产品天然气消耗量由2.0立方米/平方米降低到1.6立方米/平方米,日产15000平方米的生产线,可节约天然气约2160吨标准煤。

二、窑炉喷枪节能技改

针对传统喷枪烧嘴性能不好、助燃风管与枪嘴匹配不合理造成辊道窑炉内部烟气含氧量过大(即空气过剩严重)等问题,尝试用一条窑对现有喷枪进行不同调试方法的节能改造。改造后的新型节能喷枪由助燃风包围水煤气实现分层喷射,提高了空气的预混效果,在确保充分燃烧时下调空气系数,降低窑炉压力,减小排烟风机频率,达到设计节能效果。以一条日产量为10000平方米的窑炉为例,年节能量达152吨标准煤。

三、使用新型轻质隔热窑炉

隔热窑炉大量采用先进的轻质隔热保温材料,按照模数设计成轻型装配式外型,然后再以耐高温轻质隔热耐火材料进行严密的砌筑。窑炉的内衬采用了厚度230毫米耐高温的轻质莫来石砖,外加厚度为150毫米耐温1400℃隔热板、保温棉,外表面再用铝箔纸密封,保证了窑炉的耐高温实用性与节能性,同时窑车上的耐火材料也全部采用了耐火纤维材料,降低了热能的消耗。

案例启示

江西新明珠建材通过大力实施建筑陶瓷薄型化节能技术、窑炉喷枪节能技改、建设新型的轻质隔热窑炉等技术改造,实现了单位产品能耗降低、废气产生量减少、能源资源利用率提高等。江西新明珠建材在轻薄陶瓷产品研发、窑炉节能改造等方面的发展经验可为传统陶瓷生产企业绿色发展提供借鉴。

九江诺贝尔陶瓷：
以创新驱动引领产业绿色发展

九江诺贝尔陶瓷有限公司(以下简称"九江诺贝尔陶瓷")是杭州诺贝尔集团有限公司三大生产基地之一,成立于2007年,总投资35.8亿元。厂址位于江西省九江市濂溪区新港沿江工业基地,主要生产全抛釉、瓷抛砖、大板瓷抛砖等中高档"诺贝尔"系列产品,达产达标可年产5000万平方米高档瓷砖,产值超30亿元,纳税超2亿元,解决就业1600人。公司始终坚持以技术创新引领行业发展,以产品创新驱动企业发展,将企业生产经营与绿色发展、生态发展、可持续发展有机结合,先后获得国家级绿色工厂、江西省民营企业100强、江西省专精特新中小企业等称号。

一、率先启动"煤改气"

2018年,九江诺贝尔陶瓷在省内率先实施窑炉"煤改气",实现全部窑炉改用天然气清洁燃料,极大改善了周边空气质量,为九江市打赢"污染防治攻坚战"做出了积极贡献。2020年底对制粉工序实施水煤气改用天然气,实现全部工艺采用天然气生产。全厂综合能耗由2013年的10.2万吨标准煤,下降至2020年的6.73万吨标准煤,减少标准煤用量约3.47万吨,减少二氧化碳排放约9万吨。煤改气后氮氧化物、二氧化硫和颗粒物的排放量比技改前分别减少了361.5吨/年、27.08吨/年和64.24吨/年,下降约72%、49%和73%。

二、持续实施节能减排工程

节能方面,窑炉采用了目前国际领先的EHI保温加强系统、DHR余热回收再加热系统、OCE优化燃烧节能系统及精准窑压控制系统,与传统窑炉相比,天然气消耗量从2.6立方米/平方米降低到1.6立方米/平方米;球磨机采用国际领先的连续球磨系统,对比传统的间隙球磨机,每吨料的电力消耗量从47千瓦时降低到32千瓦时;喷雾干燥塔采用国内超大型节能喷雾干燥系统,天然气消费量从42立方米/吨料降低到35立方米/吨料。实施大功率电机更换变频及补偿电容的节能改造、窑炉余热利用的研究与开发、抛光渣的资源化利用技术的研究、低温快烧瓷质抛光砖坯体配方的研制与开发等,累计节约标准煤1000吨以上。

减排方面,建厂以来累计完成投资约1.5亿元,建造废气、废粉、废泥、废水治理设施,固废危废堆放场,车间喷淋系统,脱硫塔,废气24小时国控在线监测系统等,工业废水实现了"零排放",废泥、废砖无害回收利用均达到100%。

九江诺贝尔陶瓷天然气窑炉

2019—2020年投资2380万元,对原料脱硫系统实施脱硝改造,加装4套脱硝设备,减少废气排放。对生产线进行智能化技改,窑炉、喷雾塔更换低氮节能烧嘴,完成2条线自动储运系统及4条线自动机器人包装,减少叉车转运,降低粉尘对车间环境的影响。

三、探索碳管家服务模式

2021年7月,九江诺贝尔陶瓷与重庆三峡水利电力(集团)股份有限公司签订战略合作框架协议,由重庆三峡水利电力(集团)股份有限公司提供陶瓷行业综合能源整体解决方案。通过天然气分布式、新能源自发自用、工业节能、运输体系电动化、能源智慧管控等措施,寻求"双碳"背景下高耗能企业低碳绿色发展的实施路径。所有项目实施后,每年可为九江诺贝尔陶瓷提供可再生能源电力3500万千瓦时,可再生能源电力占二期工厂用电总量比例为9.4%,全部清洁能源发电(自供电)占二期工厂总用电比例为35.5%,每年可为九江诺贝尔二期工厂节约1.8万吨标准煤,减少二氧化碳排放约5.8万吨。

案例启示

九江诺贝尔陶瓷通过率先启动"煤改气",实施能源低碳清洁转型,持续实施节能减排,探索碳管家服务模式,助力企业低碳绿色发展。九江诺贝尔陶瓷在能源清洁化、节能降碳、能碳综合管理等方面的发展经验可为传统陶瓷生产企业绿色发展提供借鉴。

泰山石膏(弋阳):采用工业废渣脱硫石膏替代天然石膏,实现"三废"循环利用

泰山石膏(弋阳)有限公司[以下简称"泰山石膏(弋阳)"]位于江西省上饶市弋阳工业园区,2018年7月由泰山石膏有限公司出资建成。泰山石膏有限公司是中国建材集团旗下的骨干企业,中国建材百强,国内最大的纸面石膏板制造商。公司占地183.66亩,设计年生产3500万平方米纸面石膏板、800万平方米装饰石膏板和1万吨轻钢龙骨,主要产品有纸面石膏板、装饰石膏板、轻钢龙骨、粉料制品及相关配套产品等五大类六十多个品种。泰山石膏(弋阳)是江西弋阳高新区重点招商引资项目、循环经济重点示范推广项目、国家高新技术企业。泰山石膏依托技术优势,从1999年开始攻克100%利用工业副产石膏生产纸面石膏板的新工艺,将"垃圾"转变成"资源",为企业原材料来源开辟了新渠道,解决了工业固废的二次污染问题。公司先后获评低碳中国突出贡献企业、国家资源节约型和环境友好型企业等称号。

一、采用工业废渣脱硫石膏替代天然石膏

泰山石膏(弋阳)生产的纸面石膏板,以上饶及周边省市燃煤电厂尾部脱硫产生的工业废渣脱硫石膏为原料,替代天然石膏。针对脱硫石膏的特点,经过干燥后将其进行均匀稳定的煅烧,去除部分结晶水制成建筑石膏,既消纳了工业废渣,减轻了环境污染,又可以变废为宝、降低生产能耗,节约生产成本,最终实现

年综合利用废渣石膏25万吨,节约堆存占地50亩,具有较好的经济效益和社会效益。

二、通过水资源循环利用,实现废水零排放

为节约水资源,泰山石膏(弋阳)将环境卫生清洗水等生产及生活污水,全部返回制板车间使用。其中,配料用水经过配套沉淀池净化处理后循环使用,设备冷却水汇集冷却后经2级泵循环使用,实现生产用水不外排。生活污水排入隔油池、化粪池中预处理,然后通过生活污水一体化处理设备净化后,回用于纸面石膏板生产,设备处理量30吨/天,可节约用水11000吨/年。建筑屋面雨水经落水管汇入道路雨水管道,地面雨水经路边雨水口收集进入雨水管道,最终流入雨水收集池,收集的雨水沉淀后通过管道输送至成型站用于生产纸面石膏板。通过以上各种措施,循环利用水资源,实现了全厂废水零排放。

石膏干燥机排湿换热装置

三、充分回收资源能源，实现粉尘、余热再利用

公司将锯边机回收废料作为促凝剂添加到配料系统，石膏煅烧产生的粉尘经五级高压静电收尘器充分回收并进入原料工序加以利用，未收集的粉尘经湿式静电除尘器收尘，实现粉尘排放浓度低于20毫克/立方米，收下的石膏粉尘大部分可以自动流回本系统工艺生产设备中，避免二次扬尘。干燥机排湿的高温烟气通过热风幕换热器和喷淋塔加热新鲜空气和水，用于平衡干燥机排湿损失的循环风量、工艺配料以及生活区冬季取暖，通过余热利用，可节约生产用煤2250吨/年，节约用电50万千瓦时/年。

案例启示

泰山石膏（弋阳）开发了以工业副产物石膏为主要原材料的生产工艺技术，使用工业废渣脱硫石膏替代天然石膏生产纸面石膏板，解决了工业副产物石膏的堆放及处理难题。另外，公司通过水资源循环利用，实现废水零排放；改造生产工艺过程，实现粉尘、余热再利用。泰山石膏（弋阳）在综合利用废渣资源，实现"三废"循环利用方面的发展经验可为传统建筑材料制造企业绿色发展提供借鉴。

巨石九江：
加强技术研发应用，促进生产工艺整体提升

巨石集团九江有限公司（以下简称"巨石九江"）是巨石集团有限公司的全资子公司，是我国中部地区规模最大的玻璃纤维制造企业。公司坐落于江西省九江市出口加工区，占地面积615亩，总投资47.3亿元，现有职工1300余人。公司拥有两条大型无碱玻璃纤维池窑拉丝生产线，年玻纤产能达35万吨，主要产品为无碱玻璃纤维直接纱、合股纱、短切原丝、粉(乳)剂短切原丝毡及玻纤布等，广泛应用于交通运输、节能环保、航空航天、电子电器、船舶业、建筑建材等领域，是替代钢材、木材、塑料等的理想新型材料，具有良好的市场与发展前景。公司先后获评国家级绿色工厂、国家级绿色供应链管理示范企业、国家级工业产品绿色设计示范企业等称号。

巨石九江以科技创新为引领，通过技术改造、科技攻关、产学研等不断加大创新力度，提高企业核心竞争力，同时以智能制造和数字智造为契机，推动产业升级，促进玻璃纤维工业高质量发展。

一、开发与应用高熔化率节能型窑炉及熔制技术

通过自主设计开发以窑炉熔化部碹顶燃烧为主、侧烧和斜烧相结合的立体式纯氧燃烧技术，结合计算机数学模拟和工业性试验，对玻纤池窑熔化部燃烧器布置、燃烧器选型(扁平型和圆型组合优化使用)、各燃烧器能量分配等，设计确

巨石九江玻丝节能型漏板拉丝

定合理的燃烧工艺参数。同时,通过在窑炉底部采取增加错位矩阵式电助熔技术,在玻璃液内部进行加热,提升热量利用率达到90%,从而整体提升窑炉熔化率,较之前玻璃熔化率指标提高59%。采用自主设计的纵向双H作业通路结构技术,实现主通路缩短32.8%,玻璃液在主通路不需加热且能够自然降温和澄清。通过梯级沉降和变截面等技术,实现单条作业通路延长且炉位增加到32个,单位玻璃液热耗指标降至3723千焦/千克,实现能耗降低22%以上,并能确保产能实现生产线设计产能指标。

二、开发与应用节能型单底(缩短)拉丝大漏板技术

根据原拉丝成型均采用双底多排多孔大漏板与全自动拉丝机及单台对应系统控制进行生产的实际,自主设计开发节能型单底(缩短)大漏板,并通过设计与拉丝机卷绕速度等生产控制系统相匹配工艺,有效实现漏板正常作业期间电流消耗的降低。通过数据对比,公司开发和应用的节能型单底(缩短)漏板较原有同规格漏板平均单台可节电7.24千瓦时,全年可节电861.95万千瓦时。同时,对比之前使用的双底大漏板,实现平均单台漏板所使用的贵金属材料降低1259.28

克,实现生产线整体贵金属使用量降低171.26千克。

三、开发与应用废气余热高效利用及烘制技术

玻纤池窑拉丝工艺采用单元窑熔制玻璃,产生废气温度高达1400℃,仅熔化部废气带走的热量就占总能耗的30%左右。之前,窑炉烟气处理烟道上部采用金属换热器进行热能回收,由于金属换热器在引入蒸汽发生器过程中会因传输距离原因导致部分废气热能损失,蒸汽产生量仅为2.2吨/小时。为进一步提高废气热能利用率,在烟道下方通过风机抽吸方式,将废气热能直接引入余热锅炉产生蒸汽,现蒸汽产生量已达3.6吨/小时,废气余热利用率提高63%。公司针对单条烘箱多区域排湿环节因湿气排放携带区域热量排出的实际,自主设计区域热交换器技术及装置,有效实现区域余热二次回收及补入,实现各区域温度精准控制及能源消耗的有效降低。

四、开发与应用高性能玻璃纤维废丝资源化利用技术

优化设计原废丝粉磨生产线工艺及装备,配套设计新建1条采用自动控制废丝粉磨生产线并投入应用。同时,分阶段逐步试制实施粉磨废丝与玻璃配合料搭配比例试验,现阶段废丝投加比例已达5%以上,有效地实现了废丝资源化循环回用。

案例启示

巨石九江利用自主开发的大型无碱玻璃纤维池窑、环保池窑的核心技术,并辅之以纯氧燃烧、拉丝大漏板、废气余热利用、废丝回用等清洁生产技术,生产工艺整体呈现"高产能、高效率、低能耗、低成本"等特点。公司在玻纤生产的低碳工艺技术创新可为玻璃纤维生产企业高端化绿色化发展提供借鉴。

中材萍乡：以节能减排、
协同处置为主线，积极推动低碳绿色发展

中材萍乡水泥有限公司（以下简称"中材萍乡"）成立于2008年9月，属于中国建材集团有限公司的成员企业。公司拥有一条日产2500吨、一条日产4500吨熟料水泥生产线，以及一座年产60万吨水泥粉磨站，年产水泥360万吨。中材萍乡是循环经济和绿色发展的代表性企业和萍乡市"无废城市"建设的重要组成体。中材萍乡始终把安全、环保、绿色发展摆在首位，从技术革新，到修旧利废，均以节能减排、绿色低碳、安全环保利用为目标，促进生产过程绿色化、智能化。先后获评国家级绿色工厂、省级水效领跑者等称号。

一、开展节能减排

中材萍乡水泥生产线设计采用成熟、先进的新型干法生产工艺，配套设备设施选型优先选用节能节电设备，部分关键设备（如喂煤秤、生料计量电动流量阀、入窑分格轮）采用国外先进技术设备；先后实施了窑头窑尾收尘器电改袋及环保在线监测设备改造，将效能较低的大型风机、罗茨风机更换为高效风机、悬浮风机，并对预热器和篦冷机系统进行了一系列节能技改，改造后，熟料工序电耗持续下降到50千瓦时/吨以下，熟料标准煤耗降低至99千克/吨以下，达到水泥行业二级能效水准。两条熟料生产线配套各建设一座9MW及4.5MW纯低温余热发电站，2018—2022年共计发电40836.79万千瓦时，所发电能全部用于生产线，

占总用电量的35.1%，相当于节约标准煤5.02万吨，减少二氧化碳排放12.35万吨。

二、开展协同处置

公司坚持"水泥企业转型城市净化器"的原则，积极利用水泥窑协同处置市政污泥。自2018年起累计消纳市政污泥29768吨，解决部分萍乡市市政污泥的消纳难题，将焚烧污泥产生的热能用作水泥生产，焚烧后的"残渣"作为熟料的辅助原料，实现固废零排放。中材萍乡还持续优化配料方案，对产品进行生态设计，充分利用本地过烧煤矸石、粉煤灰、燃煤炉渣等废渣资源替代原矿资源，在现有基础上开展SCR超低排放改造项目，实现NOx超低排放，取得了较好的环境和经济效益。

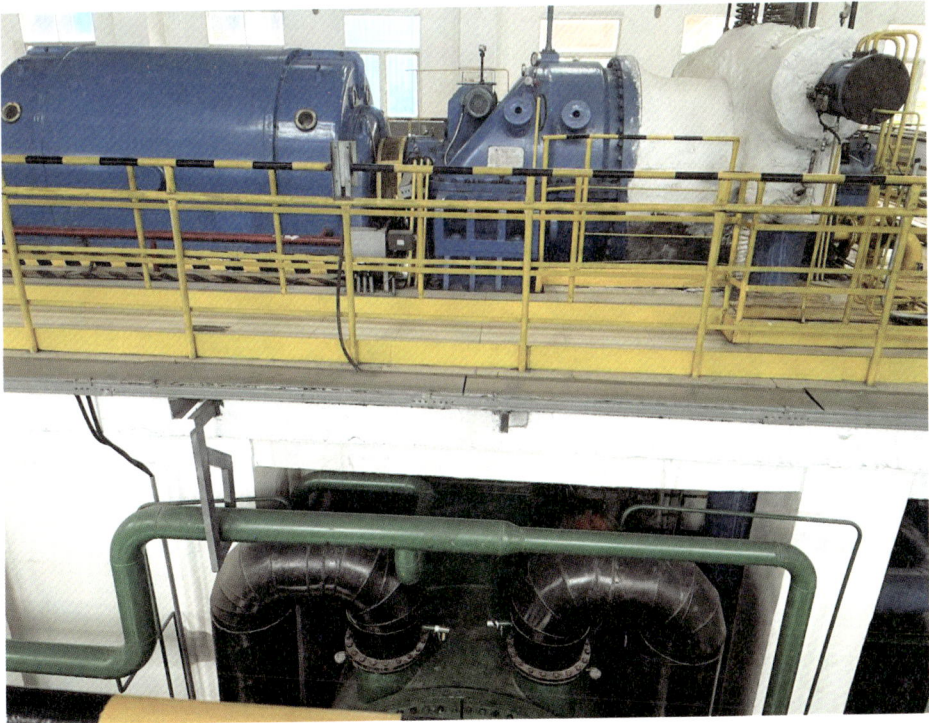

中材萍乡4500吨/天生产线余热发电汽轮机

案例启示

　　中材萍乡坚持"善用资源,服务建设"的核心理念,采用先进技术装备,实施重点用能设备改造,积极利用水泥窑协同处置市政污泥,实现固废零排放。中材萍乡实施节能减排措施与协同处置污泥的经验可为水泥生产企业低碳绿色发展提供借鉴。

节能环保

晶科能源:打造光伏组件
"产、供、销"一体化绿色制造体系

晶科能源股份有限公司(以下简称"晶科能源")于2006年在上饶成立,是一家世界领先的集铸锭/拉棒、硅片、电池、组件、光伏电站投资建设于一体的全产业链国家高新技术企业、全球规模最大的晶硅电池组件制造商。在中国、美国、马来西亚、越南共拥有14个全球化生产基地。于2019年加入RE100绿色倡议,位列中国企业500强、全球新能源企业100强。晶科能源坚持"改变能源结构,承担未来责任;提供清洁能源整体解决方案,成为行业标杆"经营理念,持续实施工艺技术革新,深入研发高效率低成本绿色产品,全方位打造"产、供、销"一体化绿色制造体系,2017年成功入围工信部绿色制造示范名单。先后获得国家级绿色工厂、国家企业技术中心、国家技术创新示范企业、制造业单项冠军等称号,主导制定IEC等多项国际国内行业标准。

一、实施工艺革新

晶科能源每年制定技术改造总目标,分解到下属事业部并制定子目标,量化KPI考核指标。近年来,技改措施成效显著,获得中国光伏绿色制造创新贡献奖。一是紧跟高效单晶产品市场需求,淘汰高耗能多晶铸锭产能。上饶基地自2019年开始逐步淘汰年产5GW多晶铸锭、多晶切方、多晶切片产能,到2021年全部淘汰,年节电量约1.88亿千瓦时。二是提高产品成本竞争力,迁出高耗能单晶拉棒产能。围绕上饶基地硅片、电池片、组件降本需求,将上饶基地高耗能的单晶拉棒产能迁移至电价优惠的新疆伊犁、四川乐山。此外,淘汰约3GW单晶拉棒老旧设备,年节电量约2.78亿千瓦时。三是推动生产工艺降本增效,实施金刚线切片技术改造。使用具有切割效率高、材料损耗少、环境污染小、产品质量高等优势的金刚线切片技术工艺替代传统砂线切片工艺,切片效率由单机日产1.2万片提升到2.5万片,产量提升108%,同时降低能耗成本。以目前上饶基地22GW产能为例,相对传统砂浆切片工艺,每年节电量约3.1亿千瓦时。

二、开展两化融合

晶科能源承担"智能制造试点示范项目""工业互联网应用试点示范项目"等多个国家试点示范项目。先后在上饶五厂建成多个自动化组件生产车间及电池片、组件智能工厂,实现全过程高自动化生产和无人化视讯检测;通过信息化

晶科能源光伏自动生产线

导入,建立工业大数据平台集控指挥中心,融合产品生命周期管理系统PLM、制造执行系统MES、供应商管理SRM、客户关系管理CRM、仓储管理系统EWM、数据采集分析SCADA平台、企业资源计划ERP等系统,生产效率提高68%,运营成本降低28%,产品升级周期缩短50%,产品良率提升至99.9%,单位产值能耗降低12%。

三、打造绿色供应链

晶科能源建成以客户需求为中心的供应链管理体系,结合自身产业链需要采用MM采购、库存管理、供应商评价、订单管理等一系列的供应链管理模式,成立了"供应链管理中心",建有从供应商、制造商、分销商、零售商、直到最终用户的柔性供应链体系。以江西上饶总部基地为核心,通过对物流、信息流、资金流的控制,将供应商、制造商、分销商、零售商、直到最终用户连成一个整体的功能网链结构。采用SAP系统供应链解决方案,建立物流与制造环节的监控—反馈—追溯系统,进行人、机、料、法、环的全面管理及生产绩效分析,提高组件产量和质量的同时,实现高效管理。

四、研发绿色产品

晶科能源秉承"探索一代、研发一代、量产一代"的理念,确立了"高效率、低成本、智能化、信息化"的技术创新发展方向,倡导全产业链的一体化可持续创新,将技术革新有效嵌入生产各环节,从而实现整体成本下降、创新价值最大化。持续开展高效电池和组件的产业化研究,在电池片转换效率和组件功率方面已连续22次突破行业量产或实验室测试纪录。拥有低氧低同心圆N型单晶技术、N型硅片薄片化切片技术、N型HOT2.0电池技术、N型BC钝化接触全背电极电池技术、Tiger Neo组件量产技术、建筑光伏一体化技术等核心技术。其中晶科能源自主研发的182 N型全面积电池转化效率达26.4%,再次创造大面积N型TOPCon电池转化效率世界纪录,最新旗舰产品Tiger Neo组件,较同版型P型组

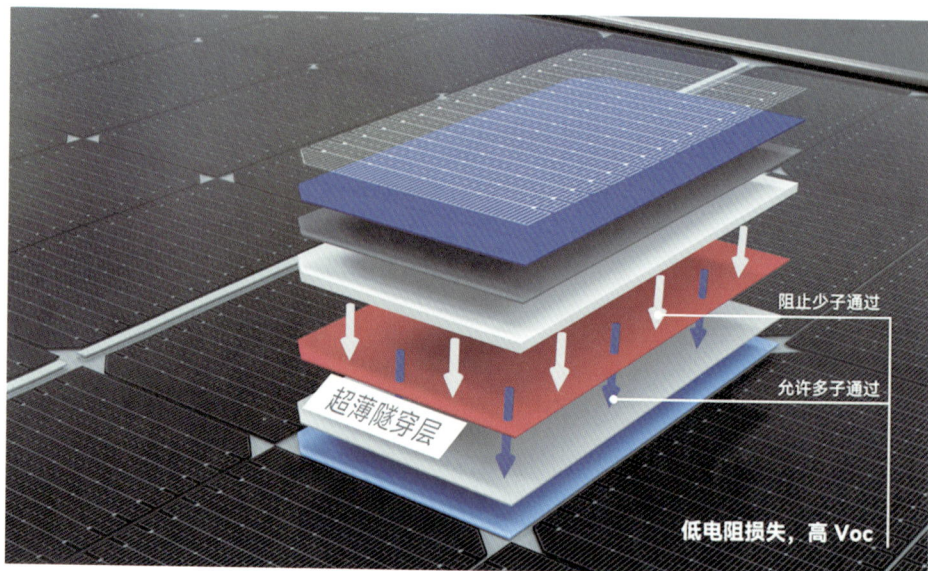

晶科能源 Tiger Neo 组件

件在同样成本投入下给客户带来超过3%发电量提升。在 N 型技术的突破创新和持续引领下,晶科能源入选了福布斯2022中国创新力企业50强。

五、100%使用可再生能源

晶科能源作为2019年加入 RE100绿色倡议的光伏企业,承诺到2025年旗下所有的工厂和全球运营商使用100%可再生能源;到2030年,能源管理系统将部署到公司所有运营环节,能源生产效率相比较于2016年将提高30%。为实现上述目标,晶科能源制定一系列创新行动,包括加大对光伏、光伏+存储项目的投资,优化工艺节能降耗,供应链嵌入可持续原则等。以上饶基地为例,晶科能源在厂房屋顶建设了21MW分布式光伏发电系统,年均发电量约2350万千瓦时。

案例启示

晶科能源通过实施工艺革新,淘汰高耗能产能,实现生产工艺降本增效,提升了产品竞争力。开展两化融合,提升智能低碳运营水平,实现运营成本降低。打造绿色供应链,实现供应链高效管理,提高组件产量和质量的同时,降低产品成本及单耗。研发绿色产品,提升企业核心竞争力。晶科能源全方位打造"产、供、销"一体化绿色制造体系的做法可为企业绿色发展提供借鉴。

江西新威动力:
持续推动铅蓄动力电池绿色生产

    江西新威动力能源科技有限公司(以下简称"江西新威动力")于2011年成立,位于宜春市上高工业园区,是一家集动力电池及相关设备、配件研发、生产、销售及技术咨询服务为一体的新能源领域国家高新技术企业。目前,江西新威动力研发、生产涵盖了胶体电池、动力与储能电池、废旧电池铅膏循环回收利用、绿色制造系统集成等,致力于成为全球动力电池主要供应商。公司现有职工1765人,其中200多人从事研发和科技创新工作,建有省级工程技术研究中心、省级企业技术中心、省级绿色技术创新企业。连续9年入选江西民营企业100强、江西民营企业制造业100强(税收500强)。

    江西新威动力致力于打造新能源领域内的示范企业,着力向新材料、新装配、新技术、新工艺、新管理"五新"企业方向发展,将绿色创新发展理念融入生产管理中,再生资源回用率达58.2%以上,生产废水达标处理后回用,污染物排放指标优于国标20%以上,能源消耗与碳排放指标处于业内先进水平。先后荣获江西省节能减排科技创新示范企业、国家级绿色工厂、国家首批获得铅蓄电池行业准入资格企业、国家首批环保核查合格企业等称号。

一、引进先进智能制造设备

    作为承担国家级"铅削减清洁生产"及"绿色制造系统集成"重大项目的行业

龙头企业,江西新威动力不断引进智能化全自动生产设备,实施"机器换人"计划,提高企业生产效率和质量,引领行业实现绿色高质量发展。如引进全自动化的智能多模铸焊技术,实现了一机六模自动铸焊及自动刮铅渣等功能,解决了生产效率低、能源消耗高、生产成本高、粉尘污染重等问题;引进连铸连轧智能化自动化设备,有效节约原材料、降低能源消耗、减少铅及铅渣排放,技改后年耗电量减少了152.10万千瓦时。引进智能化自动化胶封生产线替代原有的手工胶封生产线,提高生产效率、合格率,降低用工人数,全年减少7.80吨焊锡材料消耗,大大降低原材料使用成本。

江西新威动力 EMS 系统数据采集页面

二、节能技改助力企业绿色发展

通过研发改良工艺、技术、设备,有效提升绿色生产水平。一是改造连铸板栅铸造,提高生产速度,降低装机功率和劳动强度,减少生产过程中无铅重熔,铅渣率。二是实施膏铅粉(泥)回收与节能技术改造,减少热量损失,提高铅粉(泥)的回收利用性,同时避免铅粉(泥)转移熔炼产生的二次污染。三是升级改造固化干燥系统,缩短干燥工艺时间,减少蒸汽使用量,实现分阶段温度控制,缩短生产周期。四是开展充电工艺经脉冲型式及回馈式充放电设备及工艺改造,配合国内首创的马斯化成工艺,充放电时间缩短近50%,同等产能硫酸雾减少50%,单只电池能耗下降25.7%。五是采用无镉石墨烯内化成技术,极板配方中取消了剧毒物镉的添加,石墨烯合金与轻量化胶体电解液的添加与应用使得电池在循环使用后期减少了活性物质的脱落,延长了20%以上的电池使用寿命。六是应用基于原子经济法的废旧铅膏循环利用技术,解决废电池铅膏直接转变为电池原料氧化铅的技术关键,建立从废铅膏—氧化铅—铅酸电池短流程低能耗的清洁工艺,实现新旧电池的内部循环流转。

三、开发设计可循环回收产品

江西新威动力大力实施创新驱动发展战略,为实现绿色环保、高性能的新型动力电池及绿色循环经济转型,投入大量资金用于绿色生产技术研发。着力培育公司绿色主导产品的创新能力和可持续竞争优势,电动助力车用、电动道路车用(电动汽车)等产品均采用再生资源作为原材料,开发设计可循环回收产品。

四、实施工业废水综合利用工程

江西新威动力不断完善污染治理设施和污染物监测设备,累计投入资金3.05亿元改造废水清洁生产系统,实现废水零外排。通过对生产车间产生的废水进行分类收集、分类处理、分类回收,引进淋酸循环回收系统、压滤系统;改造水循环网络,优化升级工业废水管网系统,建立明沟明管进行废水管控。改造后废水产生量下降90%,达标水回用率提高80%,处理后的废水铅含量下降50%。

案例启示

江西新威动力作为国内电池制造业动力电池生产领域的龙头企业,通过引进先进智能制造设备,实施节能技改,进一步研发改良工艺、技术、设备,推动产品全生命周期技术升级。开发设计可循环回收产品,有效提升绿色生产水平。相关经验可为动力电池生产企业绿色发展提供借鉴。

江西赣锋锂业：
强化技术攻关，建立锂资源闭路循环回收体系

江西赣锋锂业集团股份有限公司(以下简称"江西赣锋锂业")位于新余国家高新技术开发区，业务贯穿上游锂资源开发、中游锂盐深加工及金属锂冶炼、下游锂电池制造及废旧电池综合回收利用等锂全产业链，产品涵盖金属锂、碳酸锂、氢氧化锂、丁基锂、锂离子电池、锂电池材料等六大系列四十多种。赣锋锂业是全球唯一同时拥有"矿石提锂""卤水提锂"和"回收提锂"产业化技术企业，是全球最大的金属锂供应商、国内最大的锂化合物生产商，其中氢氧化锂产能8.1万吨，占全球23%的市场份额，金属锂产能2150吨，占全球40%以上市场份额。

江西赣锋锂业坚持"利用有限资源、创造无限价值"的经营理念，倡导"绿色化工、循环经济"，始终把绿色发展作为公司的战略目标，不断推进节能降耗、清洁生产，致力打造高效清洁循环低碳的绿色工厂。公司先后荣获国家技术创新示范企业、国家知识产权示范企业、国家级绿色工厂、国家单项冠军试点企业、国家信息化和工业化融合试点企业等称号，是江西省节能减排示范企业。

一、持续开展产业技术攻关

江西赣锋锂业作为全球锂行业领军企业，坚持走"技术创新驱动"的高质量发展路线，依托国家地方联合工程研究中心、国家博士后科研工作站、院士工作站、江西省锂基新材料工程研究中心等高端研发平台，紧紧围绕锂产品深加工领

域开展科技创新与技术攻关。率先突破卤水提锂直接制备电池级碳酸锂、无水氯化锂技术,实现卤水提锂综合高效联产电池级碳酸锂、无水氯化锂等高纯锂盐产品,产能提高20%以上,能耗降低15%以上;攻克锂云母、锂辉石提锂世界性难题,研发出氯化钠压浸法、低温硫酸焙烧法、碳酸钠压浸法等矿石提锂技术,与传统工艺相比,锂综合回收率提高10%以上,能耗降低2/3,锂渣量减少1/3,综合回收钾、铷等有价金属;研究开发了"废旧磷酸铁锂电池精深高值化利用技术""退役三元锂电材料选择纯化与重塑再生技术"等一系列循环回收锂废料技术,建立锂资源闭路循环回收体系;研发出低温真空蒸馏提纯制备电池级金属锂技术,与高温真空蒸馏提纯工艺相比,能耗降低50%以上。赣锋锂业"废旧锂电池因材施策高值清洁回收技术及产业化"项目荣获中国有色金属工业科学技术奖一等奖;"含锂废渣综合高效回收制备高品质锂盐技术及产业化"荣获江西省科技进步奖三等奖、江西省十大科技成果转化典型案例,产生相关技术标准2项,申请国家专利6项。

二、布局锂电池循环回收产业

江西赣锋锂业积极布局锂电池循环回收产业,利用"城市矿山"打造退役锂

江西赣锋锂业锂循环

电池综合回收项目,实现锂产业链的闭合循环。一方面,对电池中各种可回收金属进行高效提取,帮助客户解决产品循环问题,降低碳排放;另一方面,有效利用电池中的再生原料进行加工,提供独具赣锋特色的绿色再生产品,为客户打造更加可持续的供应链。利用完备成熟的销售渠道优势,让各类资源在提取后均能通过相应渠道重新回归市场,完成资源的循环使用,实现产业闭环,与客户共建绿色生态产业链。2022年,赣锋锂业全年回收处理退役电池、电芯、极片及粉末等总计25800吨;回收镍、钴、锰总量2700吨,产出三元前驱体5500吨,镍、钴、锰综合回收率大于98%;回收氯化锂3700吨,锂回收率大于90%。

三、建设智能高效仓储系统

江西赣锋锂业通过建设智能立体库,构建高效仓储系统,自研开发质检系统支撑实现生产批次号与物料托盘码绑定,实现生产数据通过质检系统自动推送,加快备货速度,提高准确性。物料运转实现产成品作业流程标准化,同时对每包库存产品进行标签识别,快捷追溯每批次物料。通过各系统之间的集成协作及作业流程的规范,较传统作业方式大大降低作业人员需求,明显提高工厂智能化水平,作业效率提高了30%,能耗较以往降低了25%。

四、实施光伏发电项目

江西赣锋锂业万吨锂盐工厂一期屋顶光伏项目已正式并网,项目备案容量4.626MW,每年减少二氧化碳排放量约3万吨。同时,为减少碳足迹、提供可持续性的无碳能源,江西赣锋锂业在阿根廷的Mariana盐湖提锂项目计划建设一座150MW光伏发电站+储能运营,将全部采用绿色电力,每年可减少二氧化碳排放15.70万吨。旗下产品"单水氢氧化锂"通过碳标签认证,成为国内首个获得"碳标签"的锂企业。

案例启示

　　江西赣锋锂业积极打造高端研发平台,持续开展产业技术攻关,加强回收利用废旧资源与再生原料,助力锂产业循环发展。建设智能高效仓储系统,开发建设光伏发电项目,实现节能降碳、低碳运营。江西赣锋锂业在技术创新引领锂电生产绿色低碳循环发展,循环、高效、低碳运营等方面的经验可为锂电行业实现绿色可持续发展提供借鉴。

汇亿新能源：
开展锂电池全生命周期生态设计

江西省汇亿新能源有限公司（以下简称"汇亿新能源"）位于江西省新余国家高新区，成立于2016年11月16日，总部为浙江康迪科技集团有限公司（美国纳斯达克上市公司）。注册资金5000万元，是一家集18650锂离子电池研发、生产、运用、销售等为一体的国家高新技术企业。目前拥有员工350余人，研发团队有45人，占总人数的13%。

汇亿新能源已通过ISO9001、ISO14001、OHSAS18001体系认证及两化融合管理体系评定，产品通过CB、BIS、UN38.3、UL、CE等产品认证以及德国TUV实力认证。截至2023年5月，公司申请专利64件，包括发明专利14件、外观专利11件、实用新型专利39件，其中已获授权51件，包括发明专利9件、外观专利11件、实用新型31件。汇亿新能源是中国锂电池行业协会副会长单位、中国化学与物理电源行业协会会员单位，中国锂电百人会副会长单位，加入锂离子电池安全标准工作组，为工信部锂离子电池安全标准特别工作组全权成员单位。

一、加强绿色产品设计，实现全生命周期管理

汇亿新能源分别从绿色生产工艺建设、绿色产品设计、采用新材料新技术、产品质量提升等方面着手，对锂电池进行了全生命周期的生态设计。绿色生产工艺建设方面，通过更改组装生产环节中的下垫片结构，生产效率比原来提升

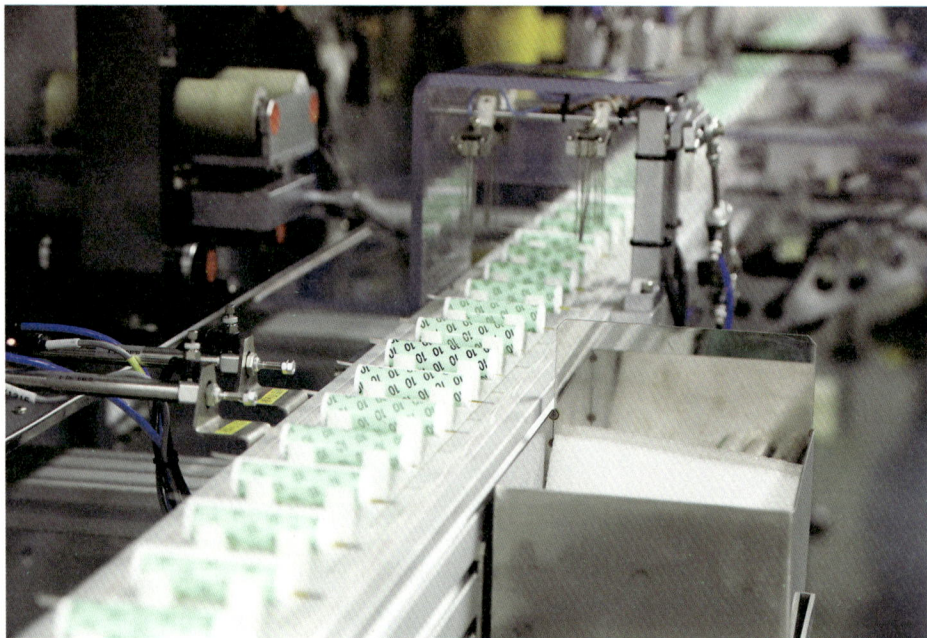

汇亿新能源全自动制片卷绕一体机

25%。通过优化电芯化成工艺,节省充电时间,充电效率提高15%;通过优化高温老化工艺,提高生产效率,节省时间40%。绿色无污染产品设计方面,从原材料的获取、生产加工到最终废弃物处置的产品全生命周期的环保性能考虑,通过对配件的结构改造,减少溶剂的用量,在保证产品质量的同时,减少物料浪费。流程制造管理建设方面,层层控制原材料使用量,对原材料的使用建立了层层分解及原材料消耗定额管理的制度,推动设计—开发—下单—计划—生产—品检—仓储等各个环节严密对接,实现信息化和工业化的有效融合,大大降低了开发过程中原材料的消耗。

二、实施技术改造,有效提高能源资源利用率

通过涂布热湿排气管加装盘管,收集排气热能,重新导入新风进口,实现余热二次利用,减少新风进口电加热电能消耗。正极配料通过对涂布垫片等配件

的结构改造,使正极配料适于高固含量浆料涂布,浆料固含量由50%提高到70%,减少溶剂的用量,节约资源。采用回收节能装置和真空减压系统,用于收集生产排放溶剂,达到节约资源、减少污染、提高效益的目的。

案例启示

　　汇亿新能源作为新能源锂电行业的绿色制造企业,用先进的管理理念推动工厂持续、健康、稳健发展。一方面通过开展绿色产品设计,实现产品全生命周期管理,提高了生产效率,降低了原材料消耗;另一方面通过实施涂布热湿排气管、涂布垫片等配件结构改造、采用回收节能装置和真空减压系统等技术改造,减少了电能消耗、浆料溶剂用量。汇亿新能源在绿色产品设计、生产技术改造等方面的经验可为锂电池生产企业绿色发展提供借鉴。

江西华立源锂能：
工艺技术革新，协同推进节能减排

江西华立源锂能科技股份有限公司(以下简称"江西华立源锂能")于2013年成立，坐落在江西吉州工业园区，注册资金1.25亿元，总投资约15亿元，占地约300亩。公司是一家生产高性能18650/26650锂离子电池及相关产品的高新技术企业，拥有自主专项技术58余项，产品结合了高密度电池技术、高电压电池技术、一体式充电技术、能量系统全均衡技术等协同技术的综合运用。江科华立源锂能积极按照资源集约化、生产洁净化、能源低碳化原则，开展绿色改造。公司先后获得国家高新技术企业、工信部专精特新小巨人企业、江西省潜在瞪羚企业、江西省映山红上市后备企业、江西省绿色技术创新企业等称号。

一、推进设备工艺革新，提高能源资源利用率

公司积极推进设备革新，采用了隧道式真空烘箱，设备升温、降温各功能段独立，避免了单机干燥工艺在同一个腔体内反复升温所造成的能量损失，能耗比传统真空烘箱降低60%—80%。配备了涂布机热量回收系统，将涂布机的废热通过热交换器回收，并导入设备自身新风入口，以提高新风温度，可节约电能20%以上。不断引进智能化生产设备，推动数字化转型，建立自动装配生产线，有效提高生产效率。冷却水塔采用整体式结构，实现水资源的循环利用，节约水资源达到20%。

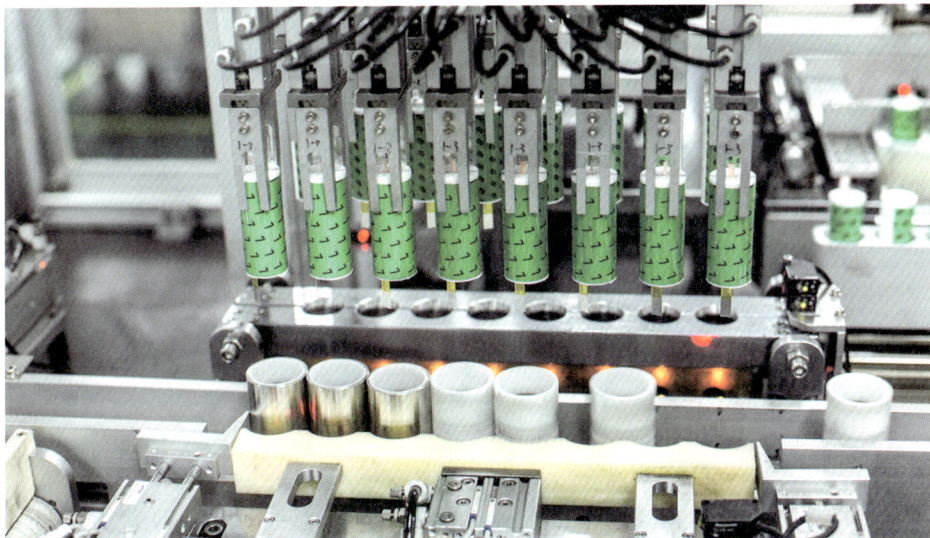

江西华立源锂能自动装配线

二、实施环保技术改造，降低废水废气排放量

公司采用膜技术（超滤及反渗透）处理生产循环冷却水给水，与原来采用的离子交换树脂法处理相比，大大减少了废水排放。采用微电解絮凝法、微气浮氧化法、沉淀组合过滤法于一体的工艺技术，对回用中水进行预处理，提高了废水的处理效率，实现废水处理无害化。过程中产生的废气由涂布设备配套的冷凝回收装置回收，再经活性炭吸附，减少废气中有害物质排放。

案例启示

江西华立源锂能作为国内锂离子电池生产领域的高新技术企业，一方面，通过推进设备工艺革新，采用隧道式真空烘箱、涂布机热量回收系统和整体式冷却水塔等先进技术设备，提高了电能和水资源的利用率；另一方面，通过采用膜技术（超滤及反渗透）处理生产循环冷却水给水等环保技术改造，降低废水废气排放量，减少废气中有害物质排放。工厂在设备革新、环保技术改造的相关经验可为锂离子电池企业绿色发展提供借鉴。

江西睿达新能源：
大力推广绿色生产工艺

江西睿达新能源科技有限公司（以下简称"江西睿达新能源"）成立于2014年10月，坐落于江西省万载县工业园，是一家专注于回收利用废旧锂电池生产电池级金属盐、锂电正极材料及前驱体等产品集研发、生产和销售为一体的新能源产业高新技术企业。江西睿达新能源积极推动模式创新，按照先梯次利用后再生利用原则，对废旧电池开展多层次、多用途的合理利用，提升综合利用水平与经济效益。先后获得国家知识产权优势企业、国家绿色工厂、工信部新能源汽车废旧动力蓄电池综合利用行业规范企业再生利用与梯次利用双白名单企业、工信部智能制造优秀场景名单企业、江西省"赣出精品"名单企业等称号。目前，公司废旧锂电池回收利用的电池级金属盐生产线已经量产，处理废旧锂电池规模居全国第一。

一、采用湿法回收新工艺

公司始终坚持绿色发展理念，不断改进和完善生产工艺，解决各单元现有工艺存在的技术瓶颈，如中和除杂过滤困难且有价金属共沉损失高、各工序用水带来锂离子浓度大幅稀释和蒸发成本高、镍钴锰与钙镁分离困难带来流程长、溶液微量氟造成蒸发设备腐蚀严重等问题。浸出工序采用3次回流浸出，提高浸出率至98.7%，选用高效的镍钴锰锂萃取分离体系，最终形成废旧锂离子电池短流

短流程绿色高效萃取分离生产线

程、绿色、高效的湿法回收新工艺,减少了生产工序,缩短了工艺流程,显著减少废水产生和蒸发能耗,大幅提高有价金属回收率,降低了化工原辅材料的消耗和污染物产生量。该湿法回收新技术的规模化应用,对全国废锂电池金属资源回收具有一定的指导作用。

二、采用梯次再生利用新工艺

遵循废旧动力蓄电池先梯次利用后再生利用的原则,充分挖掘退役动力蓄电池残余价值。废旧动力蓄电池经分容检测,重新组装用于铁塔通讯基站、太阳能路灯、家庭备用电源的储能器件及低速电动车或电动工具蓄电池。公司与惠州市恒创睿能环保科技有限公司合作开发退役锂电池制备基站、路灯和储能器件。在梯次产线选用了全智能化高效能量回馈型化成设备,使电池放电的电能为其他充电单元利用,不返回电网,从而有效地降低换能损耗,提高功率因素,减少对电网的谐波污染,提高化成效率。破碎分选采用了全自动化拆解回收处理系统,整个系统从原料到生产出正负极粉料全部在一条自动化系统内完成,包括废旧锂电池切割、破碎分选、热分解等步骤,对废旧锂电池实现高效、安全、环保、全自动化拆解回收处理,全密闭工艺过程,有效避免粉尘跑冒,达到了钢壳体、铜、铝集流体和电极的合理富集,综合回收率大于98.5%,降低了能耗,提高了生产效率,减少了环境污染。

三、开发综合利用新技术

公司成立了企业技术研发中心,组建了江西省废旧锂电资源清洁利用工程研究中心、江西省废旧锂电池回收综合利用技术创新中心、省级企业技术中心等三个省级研发平台,成立了宜春市锂电池回收综合利用创新团队。"睿达牌"锂电产品已成为国内、国际锂电界知名品牌之一,"电池级硫酸锰""电池级碳酸锂""电池级硫酸镍""电池级硫酸钴"4种产品被江西省科技厅列为江西省重点新产品试制计划,再生硫酸镍、再生硫酸钴、再生碳酸锂及高镍三元前驱体被列为2021年江西省新产品,其中再生硫酸镍入选第二届"赣出精品"名单。

案例启示

江西睿达新能源作为国内废旧锂电池综合回收利用龙头企业,拥有固体废料回收铜镍等系列金属工程的成熟技术。采用湿法回收新工艺,推广绿色低碳生产工艺,开发锂电池梯级利用新模式,提高产品使用效能。研发新产品,提升产品竞争力。相关经验可为废旧锂电池回收利用企业绿色发展提供借鉴。

赣州豪鹏：
实现退役动力电池梯次利用

　　赣州市豪鹏科技有限公司（以下简称"赣州豪鹏"）成立于2010年9月，位于章贡高新技术产业园水西园区，主要聚焦废旧电池回收及梯次利用，废旧电池无害化和资源循环利用领域。赣州豪鹏通过股权纽带，整合产业资源，形成了"材料—电池—新能源整车制造—动力锂电池回收"的上下游企业联动的合作模式，走出了一条锂电行业优势互补、资源相互对接、企业共同发展的新路。赣州豪鹏

赣州豪鹏500kWh梯次利用储能系统

是工业和信息化部首批新能源汽车废旧动力蓄电池综合利用行业(再生利用)准入公告企业之一和第二批新能源汽车废旧动力蓄电池综合利用行业(梯次利用)准入公告企业之一,是国家高新技术企业、国家级绿色工厂、专精特新小巨人企业、动力蓄电池回收利用标杆企业、中国退役动力电池循环利用典型技术案例企业。

一、退役动力电池再生利用,构建电池材料绿色供应链

赣州豪鹏遵循先梯次利用后再生利用的原则,对废旧动力蓄电池开展多层次、多用途的合理利用。开发了储能产品、备电产品、太阳能路灯产品等,如作为储能产品不仅可以作为临时停电、工厂应急电源用,日常还可以作为电力的削峰填谷使用。

退役电池回收是新能源汽车产业链实现闭环的关键环节。一方面,国内动力电池的主要原材料钴、镍等资源匮乏,对外依存度高,国际镍、钴形势的变化势必会牵掣中国新能源产业发展;另一方面,钴镍价格成本波动频繁,不利于行业稳定发展。基于此,赣州豪鹏与产业链上下游客户协作,建立了材料锁定的绿色供应链,即由原来单纯的直接回收电池模式,变为提供电池回收材料加工服务。该方式不仅可保障电池材料在新能源汽车产业链内的闭路循环,削减钴、镍的对外依存,还能实现电池原材料交货价格不受交货期市场影响,保障电池材料顺畅供给,还可以实现产业链内钴、镍的绿色供应。

二、加大研发投入,引领行业绿色发展

目前,公司拥有授权专利62项,参与制修订标准二十余项,近两年研发投入占比均达到4%以上。《锂电池废料短程利用与污染全过程控制技术及应用》获环境保护科学技术一等奖;企业核心技术"退役锂离子电池短程回收技术及应用"荣获江西省科技进步奖一等奖,部分技术达到国际领先水平。此外,赣州豪鹏于2016年在北京发起成立了退役电池交流平台"废电池回收利用专业委员会",并

组织多场次废电池回收经验交流会。于2020年参与发起了"江西省新能源汽车动力电池回收利用协会",推动省内动力电池回收行业规范发展。

案例启示

赣州豪鹏作为国内废旧电池综合利用领域的绿色制造企业,通过开发梯次利用产品延长退役电池使用寿命、搭建电池回收绿色供应链、构建废旧电池回收行业标准等举措,保障了电池材料在新能源汽车产业链内的闭路循环,推动了动力电池回收行业的有序发展。相关经验可为废旧电池回收行业发展提供借鉴。

江西德孚：
高效、低碳回收处置危废资源

江西德孚环保科技发展有限公司（以下简称"江西德孚"）成立于2017年11月，位于景德镇市乐平工业园塔山工业区，是专业从事危废资源回收和综合利用的高科技环保企业。江西德孚主要为石油化工、交通运输、煤化工、钢铁、医药、电子、半导体、新能源等产业解决HW06、HW08、HW11等危险废物的处置难题，再生产品有150SN、350SN、500SN系列润滑油基础油，以及轻油、燃料油、苯类、醇类、丙酮、四氢呋喃、炭黑、精蒽、咔唑等，广泛应用于机械制造、交通运输、医药、电子半导体、新能源、橡胶制品等产业，2023年被评为省级绿色工厂。

一、创新生产工艺，实现节能减排

江西德孚焦油回收利用装置采用单炉双塔常减压蒸馏工艺，此工艺具有操作温度低、馏分分割清晰、减少重复加热、能源消耗量少、余热利用充分等特点。如高温沥青和各馏分的热量与原料通过高效换热器梯阶换热，热能得到充分的回收和利用；工业萘系统初馏塔热源由精馏塔顶工业萘油气供热；焦油蒸馏系统采取了共沸精馏精密脱水工艺，有效降低了轻油中酚的含量和焦油中的水含量，减少了生产能耗，提高了轻油（粗苯）馏分的利用率，减轻了对生产设备的腐蚀。

为减少二氧化碳排放，公司采用特殊的碳"捕捉"工艺，例如酚盐分解工序采用管式炉尾气二氧化碳分解工艺，燃烧后的管式炉烟气中含6%左右浓度的二氧

二氧化碳提浓装置

化碳,经变压吸附,浓度提高至18%左右送至分解工序,生产粗酚,每年减排二氧化碳约2400吨。

二、加大余热回收利用,提高能源利用效率

江西德孚在生产设备上大量装备换热器装置,采用热耦合精馏技术和优化的换热网络(夹点技术),充分回收和利用了各生产环节的热量,减少了燃料和冷却水的消耗量,大大降低了能耗。在焦油回收利用装置上采用高效立式圆筒管式炉,选用低氮燃烧器,燃料为炭黑尾气、天然气,热效率大于90%;助燃空气经翅片管换热器预热后,可以将常温下空气换热至230℃,每年节省标准煤约2600

吨。此外,公司在碳基新材料车间设有急冷预热回收器、余热回收装置,对工艺余热进行回收利用,在降低烟气温度的同时利用余热可产生2000千克/小时的高温蒸汽,每年可提供17520吨余热蒸汽,节省大量能源。

三、布局城市危废收集网点,解决企业危废处置难题

江西德孚积极构建危险废物专业收集—转运—利用处置的区域性服务链条,打造危废资源收集、贮存、转运、回收利用的一体化网络格局,特别是主动开展危险废物收集网络建设试点,凭借专业化的危险品物流车队和大容量危险品存储罐区的有利条件,在全省11个设区市、29个县区布置收集网点,解决产废企业危险废物收集存储转运难题。公司年综合利用量占全省废油、废溶剂、高中低温焦油等危废总量的80%以上,全部达产后每年危险废物处置量达45万吨。

> **案例启示**

江西德孚经过多年科研技术创新与积累,掌握目前国内外最先进的废矿物油、废煤焦油、废有机溶剂再生利用技术。公司通过采用减压精馏精制、碳捕捉回收利用等工艺,积极开展余热回收利用,实现能效水平提升;主动布置城市危废收集网点,构建危废资源收集、贮存、转运、回收利用的一体化网络,实现危废闭环管理。相关经验可为环保企业提供借鉴。

江西颖南原:实施煤炭清洁转化与高效利用,实现节能降碳减排

江西颖南原环能有限公司(以下简称"江西颖南原")成立于2019年11月,注册资金1000万元,位于江西省萍乡市安源区安源工业园。公司现拥有业内权威的科研领军教授、博导4名,工程师及研发人员20余名,组建了一支具有较强的现代化企业经营理念、开拓事业心和对新型催化材料及助剂产业热衷的管理团队。公司主要从事煤炭清洁转化与高效利用的液态轻稀土热催化剂的研发、生产和销售,产品已成功应用到水泥、火电、钢铁、煤化工等行业的100多个项目中,近三年新产品实现营业收入总额为8634.57万元。江西颖南原做好新时期煤炭清洁高效利用这篇大文章,着力围绕先进高效燃煤发电、煤炭清洁高效转化、二氧化碳减排和利用、煤炭资源综合利用等领域开展协同攻关,促进"传统产业"焕发新机。公司先后获得江西省高新技术企业、江西省专精特新中小企业等称号。

一、研发节能低碳技术,实现高效生产

江西颖南原以质量效益为先,积极加强与科研院校的合作,加快技术研发和科研成果转化。公司与华南理工大学/中新国际联合研究院宿新泰教授共同开发了基于稀土材料具备节能降碳减排功能的高效液态轻稀土煤炭清洁催化剂,克服了加料预混耗时、耗能的缺点,目前已形成年产10万吨煤炭节能催化剂产能,约为合作企业节约煤炭222.22万吨,减少二氧化碳排放546.67万吨。与中科

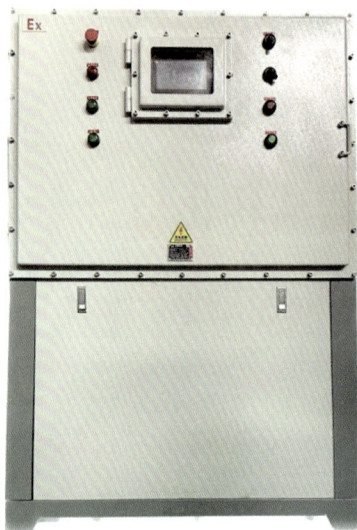

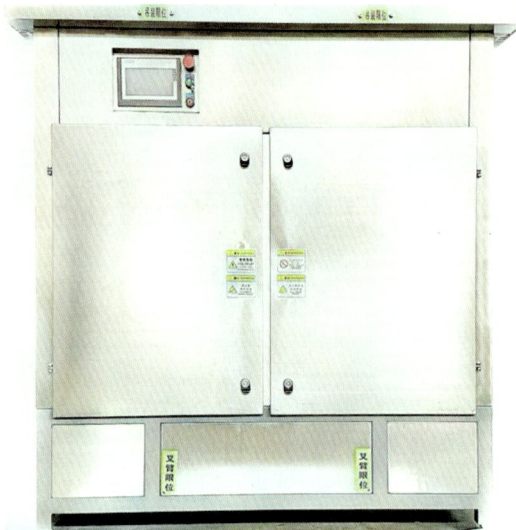

（a）智能喷洒机　　　　　　　（b）智能计量配比机

江西颖南原具有自主知识产权的智能催化剂投加设备

院姜芳教授共同研究热催化剂制备工艺及技术，攻克了如何降低煤炭燃烧温度关键技术，克服了降低煤炭活化能的技术难题。经过多年产学研合作，公司已获得自主知识产权7项，其中Ⅰ类知识产权发明专利3项，实用新型专利4项，近三年科技成果转化6项；并制定了企业标准Q/YNY0001—2022《热催化剂》。

二、研发智能投加设备，实现低碳环保

公司研发了具有自主知识产权的高效节能型催化剂投加设备，充分提高设备能耗的利用率，整个系统具有节能、高效、投加精准系数高等特点，为合作企业便捷智能投加催化剂提供坚实基础。为解决催化剂生产、存储及使用过程中存在的实际问题，公司研发了催化剂生产除尘器、通风过滤设备、生产用过筛装置、清洗装置、喷洒装置、保存装置，以及对设备精细化控制的高稳定性燃煤催化剂喷洒设备的支撑结构、可定量添加的燃煤催化剂添加装置、燃煤催化剂可调角喷洒装置等并将新装置整合为多套设备，为不同类型客户高效添加使用燃煤催化剂提供有效保障。

案例启示

　　江西颖南原采用"产学研"紧密合作的科技创新模式,自主研发一系列节煤降碳减排的新型轻稀土热催化剂产品与相关使用装备,有助于提高煤炭能源利用效率、降低环境污染,为相关行业的发展提供了节能降碳的技术支持。江西颖南原在创新低碳技术、产品、智能设备等方面的经验可为催化剂行业的生产企业绿色发展提供借鉴。

电子电器

龙南骏亚电子：
实施精细管理，助推企业绿色转型发展

　　龙南骏亚电子科技有限公司(以下简称"龙南骏亚电子")位于龙南经济技术开发区，成立于2013年，是广东骏亚电子科技股份有限公司的子公司。产品覆盖多层高密度刚性、柔性、刚柔结合电路板，广泛应用于5G智能、通讯设备、高端消费类电子、汽车电子、工控设备等领域，其中刚性印制电路板四层板产品入选国家级绿色设计产品名单。公司是国家高新技术企业、国家专精特新小巨人企业，建有省级企业技术中心、工程研究中心、工业设计中心等平台，并先后荣获省级绿色工厂、国家知识产权优势企业、江西省名牌产品、赣州市市长质量奖等称号。

　　龙南骏亚电子始终践行绿色低碳发展理念，在生产制造与环境保护两方面不偏科，通过持续不断地开展技术创新、工艺创新，强化环境治理与保护，加强资源综合利用，走全面协调可持续的高质量发展之路。

一、贯彻生态设计理念

　　公司严格按照ISO9001与TF16949质量管理、ISO14001环境管理、UL与CQC产品安全性能管理、ISO45001标准等进行产品的有害物质控制，确保原材料采购、加工工艺、成品符合RoHS和WEEE指令要求。量身定制了ERP+MES管理系统，从原材料、过程产品、成品到研发设计、营销服务，全程数据实时采集、

龙南骏亚电子ERP+MES管理系统

实时监控、实时在线分析和调整,实现研发、生产与销售的全过程管理和质量控制中每个环节的一致性和可追溯性。在产品开发阶段系统考虑原材料的选用、生产、销售、使用、回收、处理等各环节对资源环境造成的影响,力求产品在全生命周期中最大限度地降低资源消耗,减少污染物的产生和排放。

二、践行节能低碳生产

采用1台美国寿力双级压缩空压机和1台定制低压降冷冻式干燥机,配备了2个5立方米的储气罐用于平缓压缩空气输出的波动,有效减少空压机启停的次数,降低空压机能耗,每年节电74万千瓦时。通过对中央空调进行技术改造,增加高效节能超导余热回收系统,将中央空调在制冷过程中所排放的废热通过余热回收系统转换成45℃—60℃的热水,使其由原单一的制冷功能转变为制冷、供热水同步进行的双重功能系统,改造后提高了制冷空调冷水机组冷却效果,降低了冷凝压力,冷水机组节电5%—15%。

三、建立能源管理系统

在智能制造管理系统(MES)中建立了能源管理模块,采用具有远传功能的智能电表实时监控关键设备能耗,实现配电系统主要变压器设备、主要用能设备的监测管理。能耗管理模块可结合区域模型的配置,对企业内部能耗分类、分级、分区域统计核算,以柱状图、饼图等形式展示相关时段能耗情况。系统根据能源种类按日、周、月、年的时间粒度,提供各能源类型消耗量(或折标后的综合能耗总量)的统计、汇总。系统可根据部门、时间段进行查询,自动分析能耗的波动形成曲线,直观体现能耗走势。通过局域网内电脑或在家均可实时远程访问能耗分项数据,为业务管理系统和决策支持系统提供能源数据,实现了对能源输送、存储、转化、使用等各环节全面监控,进行能源使用和生产活动匹配,并强化能源调度。

四、开发资源回收技术

电路板生产中所产生的电镀废液、沉铜废液、棕化废液和剥挂架废液中含有大量有价金属,公司通过应用自行开发的设备和工艺,对其进行综合回收利用,从含金属工业废弃物中实现资源回收及废液无害化处理,建设了年处理450吨沉铜废液、年处理1440吨棕化废液、年处理360吨酸性蚀刻再生废液、年处理300吨剥挂架废液、年处理60吨化镍废液等回收处理系统,整个流程无废渣废水排放。该项技术通过集中处理综合利用工业三废,最大限度地保护环境,同时节能降耗。

案例启示

龙南骏亚电子加强在原材料采购、加工工艺、成品检测等全流程中质量控制。采用先进节能设备及余热利用等措施践行节能低碳生产,量身定制智能制造能源管理系统,实现全面监控能源输送、存储、转化、使用及调度。龙南骏亚电子在精细化管理方面的经验做法可为电子信息企业绿色发展提供借鉴。

长虹华意压缩：研发高效智能变频压缩机

长虹华意压缩机股份有限公司（以下简称"长虹华意压缩"）位于中国瓷都——景德镇，创建于1990年。1996年6月在深交所上市，是以研发、制造冰箱、冷柜、饮水机、自动售货机等制冷电器的各类压缩机为主营业务的国有高新技术企业，服务全球60多家冰箱品牌企业。

长虹华意压缩是国内较早从事绿色供应链管理的企业，目前已经形成从研发设计、采购、制造、销售到回收的产品全生命周期产业链。公司十分重视节能型和环保型，通过建立能效技术平台，持续建设新材料开发和废旧材料深层次应用的能力，提升产品环保性能的同时降低制造能耗，推进清洁生产和节能减排。公司产品先后通过了 CCEE、CB、德国 VDE 和 TUV 认证、美国 UL 等认证，拥有"HUAYI"（华意）、"JIAXIPERA"（加西贝拉）、"CUBIGEL"（酷冰）三个压缩机品牌，其中"华意"和"加西贝拉"品牌双双荣获"中国名牌"和"中国驰名商标"。公司先后获国家绿色制造集成项目企业、国家智能制造试点示范企业等称号。

一、研发高效核心产品

长虹华意压缩率先在行业内推出高效变频冰箱压缩机，并在2018年建成国家高效变频压缩机智能制造试点示范生产线，变频压缩机最高能效比（COP）达2.0以上，使冰箱实现节电50%以上。自主研发的R314a无氟压缩机，是国内首款实现量产的无氟制冷压缩机，荣获国家科技进步三等奖。突破压缩机小型化后在高效化和智能控制领域的技术瓶颈，运用高效螺旋油泵、高效消音器、高效电机以及智能驱动控制等多项核心技术,压缩机能效比(COP)提升7.5%,达到行业领先水平。运用球形高模态壳体、低噪声消声器等技术,家用变频压缩机噪声下降2dB(A),商用变频压缩机噪声下降5dB(A),采用数字模拟仿真的精巧结构设计技术,压缩机重量相比同行下降1千克—2千克,与传统产品相比重量下降30%以上,大大节约铜、钢材、铝材等资源。按年产小型化压缩机800万台计,可节约铜4400吨,钢材19200吨。单位产品综合能耗为7.77吨标准煤/万台,不到全国压缩机制造行业平均值的50%,保持了全球同行业中能耗领先水平。

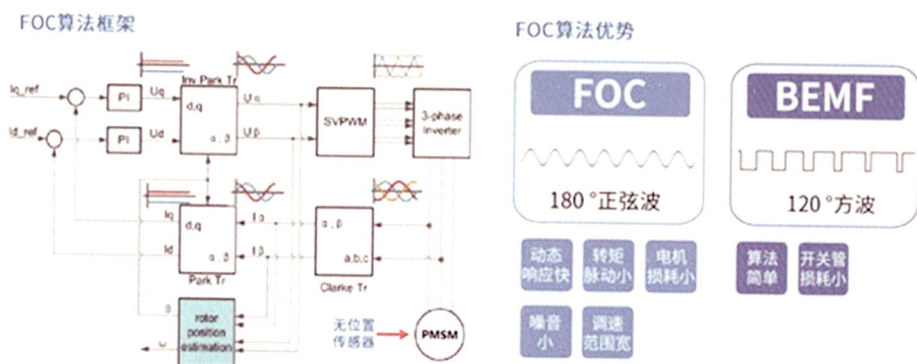

变频压缩机驱动器软件FOC算法框架

二、更新制造工艺

通过电阻焊接、无磷电泳、超声波水基清洗、曲轴新型磷化免刷光等先进工艺替换传统污染工艺,减少或消除废料的产生。其中,无磷电泳工艺优化,每年减少脱脂废水排放量7500吨,减少处理成本8万元,减少蒸汽用量1500吨,节能效益达30万元;超声波水基清洗工艺优化,年节约蒸汽86吨;焊接工艺优化,单台压缩机耗能量下降20%,同时对壳体环缝焊接生产线进行自动化改造和工艺参数优化,焊接效率提升10%,铜焊丝材料消耗下降5%。

实施生产线自动化改造,提高生产的效率和质量稳定性,减少单位产品的制造能耗。应用冷套装配技术实施生产工艺及生产线优化改造,减少制造过程能源消耗,提升产品组装效率。建成全自动化生产线,实现整线节拍6秒/台,变频压缩机生产能力达到200万台/年,年节约240吨标准煤,节能效益可达86万元/年。整线自动化率约为63%,不良品下线率低于300PPM。

三、减少有害物质使用

通过整理压缩机产品常用材料的技术、经济和环境特性,建立压缩机产品禁用/限用有毒有害物质、常用材料性能数据库,制定原材料有效物质含量限定标准。从工艺技术改进着手尽可能减少有害物质的使用,通过研究材料性能综合评价方法,实现压缩机产品生态设计材料选择;通过研究压缩机产品零部件的性能特点及技术要求、失效影响、设计规范,开展新型环保制冷工质的替代应用技术,开发以塑代钢材料等系列化绿色材料,将所研发的新材料应用于多款压缩机产品的制造。在制冷剂R134的基础上,开发了R600a、R290型压缩机产品,采用不损坏臭氧层,无温室效应的绿色环保新型制冷剂。

四、引领绿色制造标准

公司联合上下游产业重点单位,制订一系列包括压缩机轻量化设计标准、压缩机低噪声设计标准、压缩机关键零部件绿色材料选择标准、压缩机生命周期低碳评价规范、压缩机绿色设计等行业标准。通过相关绿色标准的制订和实施,助力我国新型环保变频压缩机的绿色设计和绿色制造规范化发展。

案例启示

作为国内压缩机行业龙头企业,长虹华意压缩以企业为主体,以市场为导向,构建产学研用深度融合的技术创新体系,专心研发关键绿色低碳技术和研发高效智能变频产品,倡导绿色设计与绿色生产,提高效率的同时还可以减少原材料消耗,可为企业降本提质增效、绿色发展提供有效借鉴。

瑞昌森奥达：
创新引领电机永磁化再制造

　　瑞昌市森奥达科技有限公司(以下简称"瑞昌森奥达")成立于2010年9月，位于九江市瑞昌工业园，是目前国内从事老旧低效电机的永磁化再制造设计、生产、销售和技术服务的企业，产品广泛应用于纺织、陶瓷、建材、矿山、冶金、化工等行业。公司是国家专精特新小巨人企业、服务型制造示范企业和江西省瞪羚企业，建有院士工作站和江西省电机永磁化再制造工程研究中心。近3年荣获中国创新创业大赛优秀企业奖、中国产学研创新合作成果二等奖、中国"发明创业奖·成果奖"二等奖等荣誉。

　　瑞昌森奥达长期致力于高效节能电机技术研究攻关，率先攻克旧电机永磁化再制造技术难关并实现产业化，成功解决我国电机能效提升与资源循环利用两大瓶颈问题。公司再制造技术及产品被列入国家绿色技术目录、工信部再制造目录、国家工业节能技术应用指南与案例、国家工业节能技术装备、节能机电设备(产品)、能效之星推荐目录和绿色设计产品名单、江西省名牌产品等。

一、技术创新，实现低效电机永磁化再制造的绿色低碳循环

　　公司自主研发了一系列新型磁钢和磁阻材料，率先攻克旧电机永磁化再制造技术难关并实现产业化。在低碳化方面，公司通过永磁体植入转子，彻底消除励磁电流，消除转子损耗、减少电机运转时和自身的损耗，提高电机工作效率。

在循环化方面,公司将废旧电机进行表面除尘除锈、线圈换新、转子植入永磁体、中轴电刷镀和纳米喷涂修复等,实现废旧电机的资源化循环利用。在数字化方面,公司通过对需要永磁化再制造的三相异步电机进行电气强度、绝缘检测、动态性能检测,确定定子线圈、轴承更新改进的需求,转子进行永磁化再制造,使旧电机性能发生根本变化,电机能效、功率因素得到极大提升,达到国家一级能效标准。在模块化方面,公司在对电机永磁化再制造过程中,不改变电机的外型、安装尺寸、机座号、转子外径等,确保企业电机能效提升改造工程施工周期短,改造工作效率高,减少对企业生产的影响。该技术成功解决我国电机能效提升与资源循环利用两大瓶颈问题,其相关的核心知识产权有发明专利8项、实用新型专利35项、软著1项,获得国家级科技成果1项,省级科技成果5项。实现了再制造永磁电机节电率达到10%—30%,效率提高到93%以上、功率因数大于0.98,相对新品高效电机实现节能超过2%—3%,成本仅为新品高效永磁电机的40%。公司生产的绿色设计产品,近3年累计销售达152万KW,产品制造过程节约能源折合标准煤达1500吨,累计减少碳排放约3900吨,资源循环利用率达95%以上。

代表产品技术指标对比表

项目	异步电机	稀土永磁电机	森奥达再制同步永磁电机
实际功率	3.8—4.2千瓦	3.5—3.8千瓦	3.4—3.7千瓦
电机效率	80%左右	88%—91%	93%
电流	9安左右	5.5安左右	5.4安左右
功率因素	0.6	0.85—0.99	0.85—0.99
电机节电率	0	6%—12%	9%—15%
线路节电率	0	1%—3%	2%—5%
变压器损耗	1%—3%	0.5%—1.5%	损耗下降64%,节电率0.64%—1.9%
整体节电率	0	10%—15%	13%—18%
谐波控制	小于2%	7%左右	小于2%
使用寿命	15年	2—5年需要返厂充磁	15年

二、设计创新,建设电机永磁化再制造绿色设计平台

公司牢牢抓住"资源循环利用、节能减排"政策和市场需求机遇,利用自主知识产权的电机永磁化再制造技术,通过与中科院电工所、清华大学天津高端装备研究院和上下游企业等单位形成联合体,牵头承担国家绿色制造系统集成项目,建设电机永磁化再制造绿色设计平台。主要包括:联合集智攻关,建设电机再制造绿色设计平台;建设绿色自动化生产线,提高永磁化电机再制造工艺绿色化程度;对产品引入涵盖气候变化(GWP)、初级能源消耗(PED)、非生物资源消耗(ADP)、酸化(AP)、富营养化(EP)等五个计算指标的生命周期评价法(LCA),并建立相关数据库,通过数据传输通道,指导绿色设计及绿色制造方向,提升平台绿色化程度;通过平台移植推广和新模式输出,引领电机再制造行业走向绿色化;通过标准制定和标准体系建设,规范电机再制造产业健康有序和高效快速发展。

旧电机永磁化再制造

案例启示

瑞昌森奥达是一家专业从事电机再制造的高新技术企业,开发的低效电机永磁化再制造和电机整体节能系统再制造,包含低碳化、循环化、数字化、模块化等成套关键工艺技术,实现了低效电机永磁化再制造的绿色低碳循环。公司牵头建设的电机永磁化再制造绿色设计平台,实现电机再制造行业绿色化。相关经验可为电机再制造企业绿色发展提供借鉴。

晶能光电：推进技术与管理协同创新，
实现产业蝶变升级

晶能光电股份有限公司（以下简称"晶能光电"）成立于2006年，位于南昌高新技术开发区，是具有底层芯片核心技术的LED光源IDM全产业链提供商。其自主创新的硅衬底LED技术获得2015年度国家技术奖一等奖，先后荣获了国家信息产业重大技术发明、中国专利优秀奖等奖项，国家高新技术企业、国家知识产权示范企业、国家专精特新小巨人企业、江西省功勋企业、江西省领航企业、省级绿色工厂等称号。

晶能光电是全球首家实现硅衬底GaN基蓝光LED产业化的企业，解决了硅衬底和GaN材料之间的两大"失配"导致的关键技术难题，将硅衬底LED技术发展成为全球第三条蓝光LED技术路线，成为LED产业发展创新推动者，也是低碳节能减排的实践者。

一、坚持自主创新驱动，构建协同创新体系

晶能光电坚持创新驱动高质量发展战略，打造创新平台，先后建有国家企业技术中心、国家地方联合工程研究中心、国家级博士后科研工作站、省级工程研究中心等多个科研平台，参与完成了国家重点研发计划、电子产业发展基金、工业强基工程等10余项国家级科研攻关和产业化项目，整合内外部研发资源，与高校、科研机构、客户等进行联合定制化研发，提升科创能力，共同探索技术突

破,截至2022年底,在全球拥有或申请专利480多件。主动参与国家、行业、团体标准及技术规范的制定,促进行业良性、规范发展。截至2022年底,公司累计主导起草并发布的行业标准有4项、团体标准1项,参与起草的行业标准、团体标准共12项。

二、坚守质量第一理念,打造高端低碳LED产品

晶能光电始终坚持质量第一,构建了一套数字化质量管控系统,实现无纸化、信息化、数字化生产,生产效率提升了50%。公司通过整合PDM和IDT系统中的核心功能,开发出MES系统,配合自主研发的智能平台系统、数据采集平台系统、出货系统等,通过PDA进行操作,数据采集平台与

晶能光电外延、芯片蒸镀和封装固晶操作

MES进行联动,让MES更多地从设备机台上抓取相关数据,形成MES数据元,再辅以报表系统,使工艺和质量部门有针对性地分析相关数据。自主研发的MES系统,实现制造流程的可视化、可追溯、可共享,助力最终达到零缺陷的质量目标。目前,晶能光电现已实现每百万颗0.2颗失效(部分批次实现零颗失

效),优于行业标准要求的每百万颗20颗失效的标准,为社会提供了高端高品质的LED节能光源,在汽车照明、手机闪光灯、离网照明、UV紫外照明等高端市场取代国外进口。

三、坚定产业发展思路,打造硬核低碳产业链

晶能光电以技术+资本的模式,以孵化+引进的方式,配合政府实施全球LED事业合伙人计划,形成了一条拥有十多家企业的硅衬底LED产业链,孵化出多家专精特新企业。产业链企业以硅衬底LED技术为牵引,技术、产品和市场协同发展,在全国范围内带动产值超250亿元。晶能光电孵化培育产业链企业的模式,起到了积极的示范效应。以户外照明为例,硅衬底LED产业链企业中节能晶和科技通过合同能源管理(即EMC)模式为全国三十多个城市完成照明节能改造与智慧升级,投运项目全运营期可节约电量21亿千瓦时以上,相当于节约标准煤超84万吨,减少二氧化碳排放210万吨。

案例启示

晶能光电通过建设研发平台、引领行业标准体系、鼓励专利布局,持续提升技术创新能力,打造了一条具有核心竞争力的硅衬底LED产业链,成为LED光源IDM全产业链的创新者和产业推动者;自主研发了数字化质量管控系统,大大提升品质管控能力;以硅衬底LED核心技术构建产业链,推动链上企业通过合同能源管理模式促进城市实现低碳照明。相关经验可为电子信息企业高质量可持续发展提供借鉴。

资源节约利用篇

　　加强资源节约集约利用是破解资源环境约束突出问题、实现可持续发展的迫切需要。近年来,江西把坚持节约优先摆在突出的位置,抓住资源利用源头,优化资源利用方式,持续提高资源利用效率,用最小的成本实现最大的收益。本篇在全省精选了12个资源综合利用典型案例,为加快资源利用方式根本转变提供参考和借鉴。

赣州综合利用基地：
构建工业固体废物综合利用产业集群

赣州市工业资源综合利用基地（以下简称"赣州综合利用基地"），主要包括大余县、龙南县、于都县、南康区、章贡区、赣县区、信丰县等七个县（市、区），按照"产业集中、布局合理、功能齐全、突出特色"的要求，形成"一基地七核心区"的产业布局，根据"差异化、配套化、特色化"定位，逐步形成以尾矿、煤矸石、粉煤灰、稀土二次资源（含铁红）、冶炼渣、废旧锂电池等工业固体废弃物综合回收利用为特色的主导产业链。其中尾矿、冶炼废渣提取有色金属，煤矸石、粉煤灰等作为建材原料，用于生产水泥、页岩砖、保温材料等建材产品；稀土二次资源用于提取稀土、稀土氧化物，废旧锂电池拆解提取碳酸锂、磷酸铁、三元前驱体等实现循环利用，家具木料废料综合利用产业链逐步壮大。

一、构建资源综合利用产业链

赣州综合利用基地通过打造全产业链"闭环式"生态圈，形成以废旧物资回收、生产、循环利用、无害化处理为核心，以节能减排和新材料示范应用为支撑的工业资源综合利用产业集群。以废旧动力电池为例，在处理、拆解环节，实现对废旧动力电池中的金属、非金属材料以及其他高价值可回收资源的回收与综合利用，提高废旧动力电池高效化、高值化利用水平。赣州市豪鹏科技专注打造废旧电池回收绿色供应链，与孚能科技（赣州）股份有限公司合作，由之前的单纯采

锂电池定向回收智能装备

购废电池做成产品再出售的模式,变为"为废电池供应商提供加工服务,提取金属再供给指定材料生产商,生产出电池材料再供给原废电池供应商"。通过构建废旧电池回收绿色供应链,降低了企业采购电池材料的费用,提前锁定原材料价格,实现电池材料闭路循环利用。

二、推动废弃矿山改造再利用

大余县钨矿资源蕴藏丰富,尾矿、废石、冶炼渣等工业固废历史堆存量大,当地政府因地制宜引进大余县东宏锡制品钨废渣利用项目、大余县日荣钨业低品位难选矿回收利用项目等一批资源综合利用项目,有效减少工业固废堆存量,将资源优势转化为产业优势,为转型发展持续赋能。同时,利用大余西华山钨矿自然优势,将其打造为国家矿山公园,将废弃矿山与旅游有机融合。对废弃矿山、尾矿库等进行植被复绿,通过边坡钻孔绿化、鱼鳞坑蓄土绿化、挂网喷播绿化、生态袋绿化等技术手段,对已废弃的矿区、采坑、塌陷坑、废渣高陡边坡进行综合治理。

三、着力打造特色产业集群

针对工业固废产生量大、转运处理成本高的问题,基地引导企业建立协同发展的产业体系。章贡区以造纸、建材等行业为重点,建设再生纸生产基地,发展再生纸产业。赣县区在化工园区实施"禁废"政策和"一企一策"制度基础上,依托现有工业园区发展循环经济工业资源综合利用企业20余家,推动年产值超10亿元的废塑料、粉煤灰等16个固废综合利用项目建设。南康区依托家具产业发展,开展家具产业粉末及加工剩余物、废旧木材综合利用。2022年,家具废料等产生量约154.22万吨,基本实现应用尽用,实现产值约13.4亿元。会昌氟盐化工产业基地引进正塑环保科技,打造固废不出园区的绿色制造模式,实现园区化工产业与工业资源综合利用产业协同发展。

四、鼓励企业绿色循环示范

赣州综合利用基地引导企业技改升级,促进形成绿色生产方式,提升资源综合利用水平。江西天奇金泰阁钴业采用湿法工艺,可实现废水零排放;参与国家重点研发计划"固废资源化"重点专项项目,获评工信部"固废资源化利用重点专项"。赣州华荣建材水泥熟料生产线项目获评省级工业资源综合利用示范工程。精细陶瓷产业中,赣州宏昌瓷业和赣州金泰阁瓷业均采用清洁生产技术,实现零污染、零排放。非金属矿加工产业中,广东华宝和赣州正元新材料均采用世界最先进的湿法工艺(磁选法)。赣州爱格森人造板引进全国第一条连续压机生产线,采用最先进环保除尘设备,确保生产环保、产品环保。赣州爱格森人造板、江西天奇金泰阁钴业先后获评国家级绿色工厂。

案例启示

　　赣州综合利用基地积极构建引导企业建立协同发展的产业体系，打造特色工业资源利用集群综合利用产业链。推动一批矿山改造再利用项目建设，将废弃矿山与旅游有机融合，对已废弃的矿区、采坑、塌陷坑、废渣高陡边坡进行植被复绿及综合治理。鼓励企业开展技术改造，以技术创新提升绿色发展水平。相关经验可为基地循环发展提供借鉴。

鹰潭(贵溪)铜产业循环经济基地：
搭建企业节能降碳中心，破解企业三大难题

贵溪市是全省万亿元有色产业集群核心区，年铜加工能力超过420万吨，铜产业营业收入占工业企业营业收入的九成。鹰潭(贵溪)铜产业循环经济基地(以下简称"贵溪铜产业基地")位于贵溪市城郊东北部，是江西省重大建设项目，也是内陆设立第一家、江西省唯一一家废弃机电产品集中拆解利用加工"圈区管理"的园区。2007年9月开工建设，总面积15.2平方公里(包含硫磷化工基地5.2平方公里)，主要分为拆解加工区、精深加工区、硫磷化工基地、商贸物流及生活服务区。2010年5月，基地通过环保部、商务部、海关总署、国家质检总局四部委联合验收，正式开园运营。

基地成立以来，以增强产业链竞争力为主线，以拓展拆解产品范围及延伸精深加工产业链为重点，积极拓展贸易、物流、研发等配套服务功能，加速铜产业上中下游在铜产业循环基地集聚，实现集"铜拆解、铜研发、铜冶炼、铜加工、铜贸易"为一体的全产业链发展，打造绿色世界铜都原材料新基地。先后获得中国再生资源循环利用基地、中国铜产业基地、全国循环经济工作先进单位、国家第四批城市矿产示范基地、中国再生有色金属产业示范基地、区域性大型再生资源回收基地等称号。

一、实施金融护转，打造两大保障，消除企业没钱转的难点

节能技改一次性投入较大，收益周期较长，尤其是中小企业缺少转型必要资

金。贵溪铜产业基地在金融上重点打造了两大保障。一是整合节能技改资金，引导政策资金提供金融保障。2022年，工业技改投资占工业投资比重达44.8%，对云泰铜业、中易微连等13家铜企业开展了节能和智能化改造。2023年，继续整合了130万元节能减排专项资金，支持企业节能技术改造。二是创新节能技改服务模式，引导社会资金提供金融保障。针对企业资金短缺无力承担节能改造资金、技术风险等问题，依托市外大资本市场提供各类扶持资金超过亿元，创新实施能源托管服务、合同能源服务等模式，有效降低企业节能技改一次性投入风险。

二、实施平台促转，打造三大平台，疏通企业不会转的堵点

推进产业数字化转型，平台是核心，人才是支撑，贵溪铜产业基地把"搭平台、聚人才"作为疏堵点的关键一招。一是建设咨询服务平台。通过引入江西省

力博多头拉丝生产线

工程咨询中心、江西至臻工程管理、江投能源技术研究院等一批具有实力的咨询企业,搭建企业低碳化转型咨询服务和实施平台,为企业低碳转型提供一站式个性化定制解决方案。二是搭建技术支撑平台。国有平台公司牵头联合三川节能、江投新能源技术、杭州锐创能源等8家省内优势院企和专业转型机构,共同搭建技术支撑平台,为企业提供用能监测、设备级能耗诊断、碳排放分析和"三废"信息分析等服务,促进企业的废水、废气、废渣回收利用,帮助贵溪临港实业等发展循环产业,实现节能增收。三是搭建节能降碳人才平台。联合省内高校、研究机构建立"节能减排"人才交流机制,创新建立了节能特派员模式,2022年已累计派出近30批次帮扶人员,指导贵溪发电有限责任公司、贵溪冶炼厂等3家重点企业完成排污许可证信息管理,帮扶29家温室气体重点排放企业完成温室气体排放数据计算与报告编制,指导企业科学实施减排措施。

三、实施机制引转,打造四项机制,化解企业不愿转问题

企业是节能技术改造的主体,贵溪铜产业基地重点打造四大机制激发企业内生动力,推进低碳转型发展。一是建立培训引导机制。定期举办各类专题培训活动,邀请节能专家、行业协会负责人围绕企业创新和产业转型辅导授课,引导企业夯实节能降碳管理基础。截至2022年底,已邀请专家举办了6次专题培训活动,培训100多人。二是建立正向激励机制。举办低碳转型标杆企业表彰大会和观摩会,表彰宣传敢转型、能转型、善转型的企业,让企业家现身说法,极大地调动传统企业转型升级的热情和意愿。2022年举办2场现场观摩会,共组织135家规模以上企业前往鑫铂瑞科技、康成特导、中线新材等智能制造标杆企业观摩取经。三是建立反向倒逼机制。执行增产不增耗的目标,从建立健全节能减排长效机制入手,推动节能减排和环境保护从"软约束"向"硬约束"转变。针对行业高污染、高耗能、高耗水企业,实行资源要素差别化供给,反向倒逼企业转型。督促君盛、新越、大金、聚金、力博等11家企业开展节能整改,整改企业全部淘汰了落后电机等设备。研究制定差异化能源供给政策,根据企业用能情况

实施差别用电、用气价格政策。四是建立政策引导机制。针对部分企业的守业心理和观望心态,贵溪铜产业基地出台节能减碳政策,加强节能减排动态管理,进一步强化节能减排机制导向作用,激发企业内生动力。

案例启示

　　有色金属是工业碳达峰行动的重点领域,推动有色金属行业对标能效水平加快节能降碳改造是重要落实举措。贵溪铜产业基地能耗高、碳排放控制和经济发展结构矛盾突出,企业在开展节能技改工作中存在"没钱转、不会转、不愿转"的三大难题。针对痛点难点,贵溪市政府主导建设了贵溪市节能降碳服务中心,以两大金融为保障、三个平台为抓手、四项机制为基础,综合打出"金融保转、平台助转、机制引转"系列"组合拳",探索形成了"三转"助推企业低碳转型发展新模式,极大增强了企业开展节能技改的积极性,为大宗固废综合利用基地提供借鉴。

江西丰城循环经济产业园：创新 "互联网+分类回收"模式，深入践行循环经济

江西丰城循环经济产业园位于丰城市南郊，总规划面积18.2平方公里。2007年，丰城市委、市政府以具有70余年的废旧物资回收利用历史、10余万的循环产业从业人员以及星罗棋布于全国的3000余家回收、拆解企业为依托，在一片荒山中开拓出循环经济产业园。发展至今，园区已建成再生铝、再生铜、再生塑料三大产业链条，打造从废旧原料回收、拆解、分拣、初加工到初级再生产品、再到精深加工产品的产业闭环模式。2022年，园区营业收入过10亿元企业15家，再生资源聚集量达288.66万吨，其中再生铜86.35万吨，再生铝68.42万吨，再生塑料79.38万吨，稀贵金属、工业固废等再生资源54.51万吨；加工处理量达180.27万吨，其中再生铜63.75万吨，再生铝46.53万吨，再生塑料51.43万吨，稀贵金属、工业固废等再生资源18.56万吨，实现工业产值695.46亿元。

园区吸引聚集了中国城市矿山第一股——深圳格林美，国际一流、中国领先的稀贵金属工艺装备研发企业——中国瑞林，中国环保第一股、港深两地上市企业——东江环保等一批行业龙头，已成为丰城县域经济实现高质高效发展的重要支撑。先后荣获了国家城市矿产示范基地、国家循环经济示范城市、国家绿色制造体系示范园区、国家绿色产业示范基地等称号。

一、积极创新互联网模式，实现再生物料全流程管理

积极实施互联网战略，充分利用江西金数来废旧金属加工回收拆解园、江西城市矿产资源大市场的线上线下网络资源，完成到港废料的GPS实时跟踪、全流程监管，从原料进口到入园拆解、交易再到生产加工的整个过程，确保废旧物资不外流及原料的"吃干榨尽"。着力推进信息技术与企业生产管理深度融合，积极引导鼓励园区内企业探索信息技术与传统网络体系、经营管理深度融合，创新推动"互联网+分类回收"模式。充分依托江西格林循环建立交易电子商务平台，布局覆盖社区、街道、商场的电子回收超市网点，将回收交易终端深入城市社区，废旧资源回收到线上并转换成线上的虚拟货币（如商城积分等），实现再生资源云回收。建立再生资源信息综合管理平台，实现再生金属及其他废旧资源数据库、再生金属资源价格实时查询、废旧金属及其他废旧资源远程在线交易等功能，成为再生金属及其他废旧资源集中式仓储基地、再生金属及其他废旧资源期货、现货、易货交易一站式服务中心。建成矿产资源大市场一期、二期项目，集聚中小微企业入驻，建设城市矿产再生资源交易指数中心，与丰城市再生资源回收、生产以及销售企业共同构成分享型经济圈。

二、持续开展产业链提质补链，实现产业高端化发展

坚持延链条、补节点的高端化、高附加值化的补链方针，延伸再生铜、再生铝、再生稀贵、再生塑料四大产业链条。以江西瑞林稀贵为再生铜产业链下游环节的原材料供给中心，吸引一批年产能10万吨以上的再生铜综合利用加工项目落户园区，大力推动再生铜下游电线电缆、水暖卫浴、五金、饰品等精深加工产业发展，重点布局铜棒、铜杆、铜排、铜丝等半成品压延加工产业，优化再生铜产业结构，将再生铜产业培育成园区再生金属产业集群的重要发展支点。充分利用园区"中国再生铝基地"的"品牌效应"，吸引一批可以深加工汽摩配铝压铸件、铝型材、铝板带、五金工具、光伏发电、水暖浴部件、IT与家电的壳体材料、电动工具

以及机械设备零部件的企业落户园区,将已形成的"废铝—分拣—熔炼—铸锭—再生铝锭"低端产业链向精深加工领域延伸,促进再生铝产业链条结构优化,带动整个再生铝产业聚集板块的发展。重点依托中国瑞林工程、江西东江环保等入园企业,打造我国首个以电子废料、工业废渣、低品位杂铜和阳极泥等为原料,以综合回收金、银、铂、钯、铑等十多种稀贵金属为主导,以生态高效、全产业链为特色的再生稀贵产业示范基地。依托丰城市在废旧金属资源市场及回收网络方面的优势,以江西格林美资源循环为主,进一步做大做强从废塑料回收、拆解,到生产再生塑料颗粒(ABS、PP等废料)和塑料制品的完整产业链。通过持续补链延链,产业园实现了废品进园、产品出园的全链条、全生态的闭合内循环力,拥有从废旧资源回收、拆解及分选到熔炼再到精深加工的完整循环经济链和产业体系。

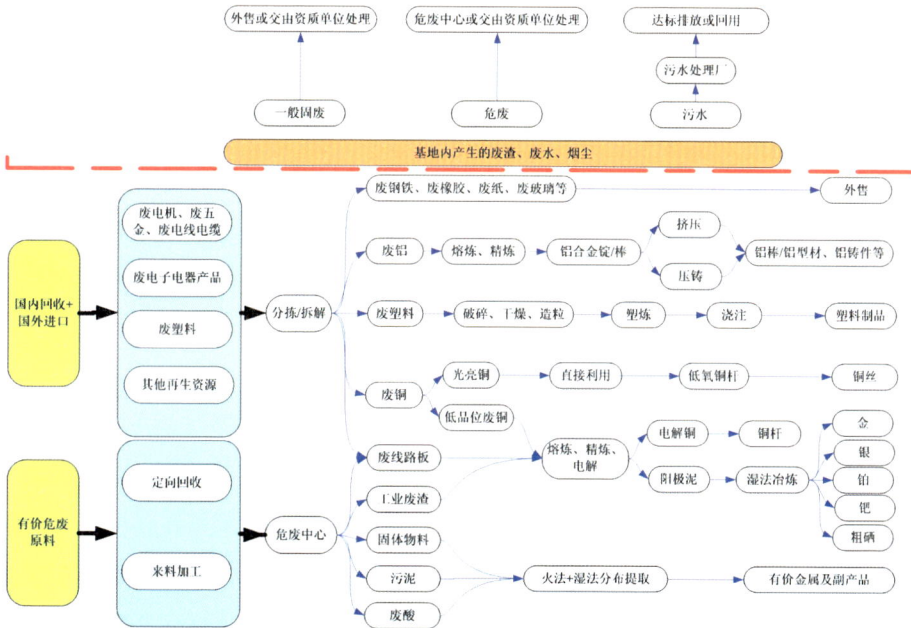

丰城市循环经济园区总体产业链

截至2022年底,园区吸引签约再生资源综合利用企业170多家,规模以上企业总数达到109家,现已形成了以江西麦得豪新材料、江西泰和百盛实业、江西日佳铜业、江西三华控股发展集团等25家企业为主的废铜综合利用产业,拥有273.2万吨的再生铜产能,其中精深加工达125.1万吨;形成了以江西宏成铝业、江西悦达铝业、江西宇宏金属科技、江西今飞轮毂等30家企业为主的废铝综合利用产业,拥有262万吨的再生铝产能,其中精深加工达90.1万吨;形成了以江西智达威塑业、江西宇茂塑胶、江西城市矿产资源大市场等46家企业为主的废塑料综合利用产业,拥有138万吨再生塑料产能,其中精深加工达33万吨。

三、加强平台培育与产学研结合,着力营造技术引领优势

产业园坚持创建技术平台的发展主线,现拥有1个国家级研发平台(稀贵金属再生资源综合利用工程研究中心)和8个省级研发平台。鼓励企业与南昌大学、江西理工大学等建立友好合作关系,通过建立合作实验室、设立专门的研发部门及研发团队,助力企业在技术创新、成果转化、品牌创建方面取得新突破。江西格林美资源循环持续研发电子废物的清洁拆解回收技术,已取得电子废物无害化处理专利10项,在电子废气及其循环利用方面取得专利32项。中国瑞林工程自主研发具有国际先进水平的金、银、铂、钯、铑等全组份稀贵金属综合利用技术及装备。丰城市宏成金属制品成功实现再生铝生产的节能环保关键技术与成套装备研发。

案例启示

江西丰城循环经济产业园创新"互联网+分类回收"模式,推动信息技术与企业生产管理深度融合,实现再生物料从进口到入园拆解、交易再到生产加工的整个过程全流程监管。持续开展产业链提质补链,打通了从原材料端到高值化产品端的上下游关键节点环节,形成了废铜综合利用产业、废铝综合利用产业和废塑料综合利用产业百万吨级的三大产业板块,实现产业高端化发展。持续加强平台培育与产学研结合,着力营造技术引领优势,可以推动技术创新和成果转化,帮助企业提高核心竞争力。相关经验做法可为城市矿产示范基地提供借鉴。

赣州高新区固废利用基地：
全力构建循环经济产业链

赣州高新区大宗固废综合利用示范基地（以下简称"赣州高新区固废利用基地"）于2021年获批国家大宗固废综合利用示范基地。基地坚持系统谋划、因地制宜、科技赋能、市场导向的原则，全面提高固废综合利用设施供给质量和运行效率，固体废物处置及综合利用能力显著提升，利用规模不断扩大。

一、坚持龙头企业带动

赣州高新区固废利用基地鼓励和扶持龙头企业立足盘活现有产能存量，通过重大技术攻关，转变产品结构，突破发展瓶颈，促进大宗固体废弃物综合利用产业转型升级。重点扶持赣州腾远钴业新材料、赣州寒锐新能源、赣州吉锐新能源等一批规模较大、效益较好、带动能力较强的龙头企业，以产业链延伸、品牌联盟为纽带实施优势互补和分工合作，有力提升基地大宗固体废弃综合利用产业整体竞争力。加强对资源综合利用企业、项目的政策引导，对环境效益、社会效益明显的大宗固体废弃物综合利用项目给予土地、税费等方面的优惠，积极培育一批具有"专、精、特、新"特色的龙头企业。园区现有资源综合利用的企业30余家，大宗固废年处理量达170万吨以上。

二、构建循环产业链条

赣州高新区固废利用基地遵循"资源—产品—再生资源"的循环经济产业链条,通过产业内部、产业之间的合作及产业与周边资源的有机结合,将园区不同企业进行共生组合,使产业链上游产生的钨废碎料、磁性边磨料、粉煤灰、炉渣、废旧锂电池等固废成为下游生产的原料,重点打造三个循环产业链。一是构建有色金属循环产业链,如江钨可回收各种钨废碎料,赣州福默斯、赣州市永莱宝高新材料等将稀土废料回收加工成为磁性材料。二是构建食品循环产业链,建立起以谱赛科(江西)生物技术为龙头的"甜叶菊—甜菊糖甙—叶渣/废水发酵—沼气发电/沼渣治肥—农业耕作"的工农业复合发展的产业共生模式,重点生产有机化肥、有机饲料及生物燃料等产品,延伸高新区生物功能材料与食品加工产业链。三是构建建材循环产业链,宝华山集团赣县水泥以华能电厂产生的废渣和粉煤灰为原料生产水泥。同时,通过产业间的副产物和废物交换、能源和废水

赣州腾远钴业成品车间结晶工艺

的逐级利用和基础设施共享,实现资源能源利用率最大化和区域污染物最小化。目前,基地已形成年综合利用稀土废料2万吨、钨废料0.5万吨、废旧动力电池8万吨、粉煤灰45万吨、炉渣及脱硫石膏15万吨的大宗固体废弃物的处理能力,本地区产生的大宗固体废弃物综合利用率达74.21%。

三、持续强化科技支撑

赣州高新区固废利用基地搭建了以中国科学院赣江创新研究院、中国稀金(赣州)新材料研究院、国家稀土功能材料创新中心、中国稀金谷中科产业育成中心、国家离子型稀土资源高效开发利用工程技术研究中心、国家钨与稀土产品质量监督检验中心等"两院四中心"为主的科研创新平台,通过整合科研院所、骨干企业的科技资源,加强与企业、科研院所交流合作,研究探索固废综合利用关键技术,为增强基地大宗固体废弃物产业链创新链提供核心支撑。整合科创中心、科协、市监、工信、高新区科技创新局等部门职能,成立科创生态服务联盟,为企业提供科技项目申报咨询、搭建平台、联谊交流、政产学研合作等服务,优化产业科技创新生态。积极推广先进适用的粉煤灰、脱硫石膏、炉渣、废有色金属、废旧动力电池等固体废弃物综合利用新技术和新工艺,如赣州腾远钴业新材料拥有的电池废料浸出回收工艺以及三元材料前驱体合成工艺,金属回收率高,清洁环保,成本低,在同类企业中具有较大竞争优势。

案例启示

赣州高新区固废利用基地坚持龙头企业带动,积极构建有色金属循环产业链、食品循环产业链和建材循环产业链三大链条,实现基地产业间的副产物和废物交换。通过规划建设大宗固体废弃物综合利用技术创新平台,整合科研院所、骨干企业的科技资源,在大宗固废资源化利用方面实现自主创新。相关经验可为大宗固废综合利用提供借鉴。

上饶固废利用基地：全面提升大宗固废综合利用规模化、集聚化发展水平

上饶市大宗固体废弃物综合利用示范基地（以下简称"上饶固废利用基地"）位于江西省德兴高新技术产业园区内。基地充分利用上饶市大宗固体废弃物资源，突出技术先进、环保达标、管理规范、利用规模化、辐射作用强等五个准则，形成尾矿综合利用、冶炼渣综合利用为特色的大宗固体废弃物综合利用示范基地，有力引领区域资源综合利用高质量发展，支撑带动国内有色金属产业绿色发展。目前，上饶市大宗固体废弃物综合利用技术水平、装备能力、应用规模和领域、品质和效益显著提高和扩大，基本建成跨企业、跨行业、跨区域的综合利用产业链条，大宗固体废物综合利用率（除尾矿外）达到89%，综合利用产值近300亿元，形成高效率、多途径、高附加值的综合利用发展新格局。

一、坚持高位推动统筹规划

1.注重规划引领

以上饶市总体规划、经济与社会发展规划为依据，坚持城乡统筹，把基地建设纳入上饶市"十四五"规划，加强与各专项规划的协调统一，实现高起点规划、高标准建设、高水平运营。以土地集约利用、资源合理配置为前提，科学规划基地产业布局，合理预留处理空间，统筹规划、分步实施、通盘考虑、有序建设。

2.优化产业布局

结合基地产业结构及其空间布局的现状和发展目标,根据资源禀赋、产业基础和物资流通的便捷性等因素,统筹产业发展空间资源。依托龙头企业,明确各产业集中区和产业发展定位与重点,强化产业带动能力,强化配套基础设施建设,吸引固废综合利用产业向基地集聚。基地目前有江西一元再生资源、江西盛嘉环保科技有限公司等专业从事固废资源综合利用的龙头企业10余家。

3.加强项目监管

以资源的高效利用和循环利用为核心,以"减量化、再利用、资源化"为原则,对园区内大宗固体废弃物综合利用企业开展定期生产审核工作,建立健全统计考核和监测评价制度,对循环化综合利用的各项指标进行监测、审计、统计,及时分析、汇总、上报,将各项降耗节能环保工作落到实处。

二、构建三大综合利用产业链

1.打造尾矿(共伴生矿)综合利用产业链

重点依托江西一元再生资源有限公司等,开展尾矿、共伴生矿、非金属矿、废石有用组分高效分离提取和高值化利用,协同生产建筑材料,实现尾矿有效替代水泥原料,部署推动发泡陶瓷墙体材料改建工程等重点项目。探索实施资源枯竭矿区开展尾矿回填和尾矿库复垦,应用低成本高效胶结填充。着力建设306尾矿综合利用处置基地,形成日处理300吨尾矿生产线。

2.打造冶金渣综合利用产业链

推动冶金渣规模化、高质化利用,加强冶金渣技术研发和装备制造,高质量发展以冶金渣综合利用为核心的综合利用产业。积极推动高炉渣、钢渣及尾渣深度研究、分级利用、优质优用和规模化利用。推进冶金、电力、建材行业等生产要素协同资源化处理。推进提金尾渣综合利用绿色关键工艺突破与系统集成等

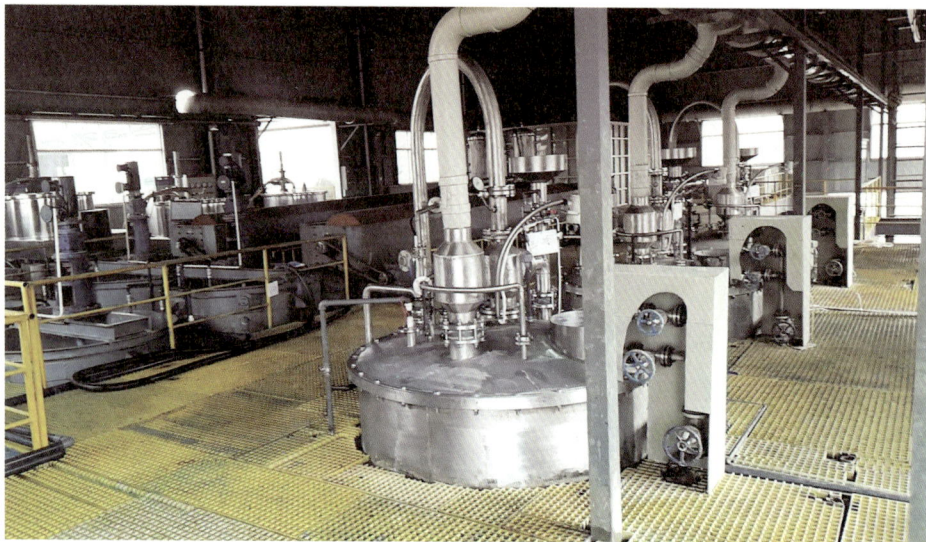

江西一元再生资源生产车间——溶解釜

项目建设,年处理量达3000吨。

3.打造工业废弃料(建筑垃圾)综合利用产业链

围绕"特色化、创新型、规模化",着力培育工业废弃料综合利用市场和江西一元再生资源有限公司等专业化企业,部署推动工业固废综合利用重点项目;推动含锡废料、废塑料等工业废弃料资源化利用。推动建筑垃圾生产再生骨料、筑路材料和回填利用等制品,推广成分复杂的建筑垃圾资源化成套工艺及装备,完善收集、清运、分拣和再利用的一体化回收系统。德兴市亿源新材料有限公司,年产50万立方米环保轻质砖、900万立方米建筑骨、100万立方米机制砂的建设规模。

三、提高服务管理水平

与中南大学、东北大学、中国地质科学院等高等院校、科研院所开展产、学、研合作,建立江西省院士工作站、江西省博士后创新实践基地、江西省有色金属废渣综合利用工程技术研究中心等研发平台。加强固体废弃物经济技术孵化中心建设,重点在处置模式等环节开展技术创新。目前,基地促进废弃物无害化处置及综合利用领域实施科技成果转化项目10余个,已孵化废硬质合金固废综合利用、废树脂粉综合利用、钴镍废料综合回收利用、废弃包装容器回收再利用等6个项目。在固废综合利用等领域,建设综合利用技术研究中心创新平台,提高为企业等提供节能诊断、设计、融资、改造、运行、管理"一条龙"服务的能力,为园区企业开展节能降耗提供更多、更好的指导与服务。

案例启示

上饶固废利用基地紧紧围绕德兴产业实际,着力构建全链条升级的尾矿(共伴生矿)、冶金渣、工业废弃料等三大综合利用产业链,全面提升固废综合利用管理服务水平,推动固废综合利用技术创新,相关措施可为大宗固废综合利用基地提供借鉴。

永丰固废利用基地：打造
碳酸钙循环产业链，深入实施绿色矿山建设

2019年12月，国家发展改革委、工信部正式批复永丰县为大宗固废综合利用基地（以下简称"永丰固废利用基地"）。永丰县大宗固体废弃物主要来自碳酸钙产业产生的碳酸钙加工废料、石灰石尾矿等，占全县年固废产生总量的98%左右，还有采矿企业的小部分萤石尾矿、煤矸石、铁尾矿，农林废弃物中的秸秆、稻壳等。基地大宗固体废弃物产生总量约1762万吨，综合利用量1233万吨，综合利用率高达70%。

基地坚持政策扶持、吃干榨尽、循环发展，深化"无废城市"建设，推动绿色高效利用，推进固体废弃物处理减量化、资源化、无害化，打造固体废弃物综合利用高地。综合利用碳酸钙加工废料及尾矿、铁尾矿、萤石尾矿等，衍生开发了碳酸钙粉、超细碳酸钙、纳米钙、活性碳酸钙、生产耐寒性电缆专用超微细碳酸钙等新产品，推动碳酸钙业单一产品向多元化产品转变，提升碳酸钙产业竞争力。2022年，永丰县碳酸钙产业实现营业收入140.42亿元，同比增长16.38%。如今，碳酸钙产业成为永丰县三大主导产业之一，江西省60个重点工业产业集群之一，绿色含量越来越重。

一、推进产业强链补链

一是积极推进新材料产业园建设。总体规划面积5701.4亩，已开发面积

1483.5亩，引进江西广源化工有限责任公司、江西豪源化工有限公司，江西若水新材料科技有限公司等企业落地建厂，计划新增企业50家以上，力争主营业务收入在5年内达到50亿元以上。二是打造固废综合利用产业集聚区。加速打造碳酸钙加工废料整体利用集聚区、工业资源高值化利用产业集聚区、多固废资源协同处置产业集聚区，推进一批固废项目顺利开工，提高碳酸钙加工废料及尾矿、铁尾矿、萤石尾矿、水泥行业尾渣、生活垃圾等的综合利用率。三是打造碳酸钙产业全链条循环体系。创新园区管理体制，鼓励企业采取相互参股、产权重组等模式，开展固废资源综合利用项目合作。基地碳酸钙企业70余家，形成"原料开采—产品初级加工—精深加工—固废综合利用"体系，打造了碳酸钙整体开发利用、工业尾渣高值化利用、高效回收有价元素、再选尾矿回收利用、固废资源协同处置等核心产业。2022年，基地综合利用固废资源量达270余万吨。2023年

全陶瓷球磨湿法研磨生产线

引进广源新型装饰材料项目,带动上下游产业协同发展。预计"十四五"时期,基地大宗固废综合利用达1867万吨,大宗固废综合利用率将达到75%以上,每年可减少二氧化碳排放135.39万吨。

二、提升产业研发水平

基地引领企业走"产学研结合、校所企联盟"的新型工业化之路,支持鼓励企业与高等院校"联姻""借智"发展。江西九峰纳米钙有限公司与西北工业大学合作,获得国家高新技术企业称号。江西广源化工有限责任公司与上海同济大学微谱公司合作,推进企业碳酸钙产品研究开发更加精深化,依托清华大学、北京化工大学等院校、开发适用于涂料等多类行业的产品,推动企业转型升级,已为全国碳酸钙粉体行业第一强企业。江西龙天勇有色金属有限公司先后和长沙矿冶研究院、昆明理工大学进行技术研发合作,引进长沙矿冶研究院的火法培烧技术,成立了吉安市第一家"稀贵金属研究中心"。基地企业广源新材料有限公司创新研发了"全陶瓷球磨湿法研磨生产工艺",采用特制微形锆球做研磨介质,产品悬浮性高、吸油值低,分散性好。这项拥有自主知识产权的产品工艺填补了国内高端涂料、压延膜的空白。

三、实施绿色矿山建设

把绿色矿山建设作为创建省级生态文明示范县的重要内容,探索矿山复绿、矿山转型发展新模式、新路径,妥善解决资源利用与生态环境保护之间的矛盾,实现矿山整治、修复、利用同位推进、同步实施。针对矿山开采造成的环境问题,大胆探索,通过转理念、重规划、优服务、强整治、严督导"五步法",在全市率先推行矿山联审联批制度,率先开展绿色矿山创建,打造了绿色矿山建设的"永丰样板"。永丰县南方水泥、永丰县天宝矿业、永丰县金丰矿业3个矿山已被纳入国家级绿色矿山名录,永丰成为全国50个绿色矿业发展示范区之一。

案例启示

永丰固废利用基地积极推进新材料产业园建设，打造固废综合利用产业集聚区，打造碳酸钙产业全链条循环体系，推进了产业强链补链；引领企业走"产学研结合、校所企联盟"的新型工业化之路，促进产业研发水平提升，增强矿山企业内生动力，建设绿色矿山，促进企业向低碳绿色方向发展。相关经验可为碳酸钙废物综合利用基地发展提供借鉴。

万载固废利用基地:"龙头企业带动+政府服务"促进有色固废资源综合利用产业发展

万载工业园大宗固废综合利用基地(以下简称"万载固废利用基地")成立于2002年8月,2006年经省政府核准为省级工业园区。2019年扩区调区后形成了"一区四园"整体格局,即综合产业园、新能源新材料产业园、高新技术产业园和应急环保产业园。基地共有企业263家,其中规模以上企业103家,高新技术企业39家。获得中国·万载锂电新材料基地、省级有机食品加工基地、省级民营科技园、省级生态工业园试点园区、省级产业集群发展试点园区、省级化工集中区等称号。

自2019年获批大宗固体废弃物综合利用基地后,万载县委、县政府高度重视,积极推动基地的建设和发展壮大,引进相关产业链中壮链延链补链项目落地,推进煤矸石、粉煤灰、尾矿、冶炼渣、建筑垃圾、农作物秸秆和工业废弃物等7个品类废弃物资源综合利用,加快大宗固体废弃物综合利用基地的发展。

一、有效促进有色金属综合回收能力提升

万载固废利用基地通过实施固液体废料有色金属回收工程,推动基地企业形成了具有一定代表性的成熟技术。睿锋集团投资兴建的江西睿锋环保、江西志成实业和江西睿达新能源三家公司,以含铜、锌、镍等固、液体废料为原料,采用湿法工艺回收硫酸铜、硫酸锌和硫酸镍等产品,优化调整相关生产线后,进一

步综合回收一水硫酸锌、铟锭、二氧化锗、海绵铜、海绵镉和阴极铜等产品,有效提高含钯废催化剂、含砷废物和含硒废物回收率。天卓新材以宜春钽铌矿提炼钽和铌后形成的尾矿(主要原料锂云母,其锂含量品位低,难以利用)为原料,综合利用制备年产6万吨电池级碳酸锂及铷、铯等稀贵金属的研发、生产和销售,将制备电池级碳酸锂之后产生的锂渣(主要成分为硅酸盐),应用于水泥、新型墙体材料,推动"钽铌尾矿锂云母精选—锂盐制备—铷铯盐制备—锂渣价值化利用"的锂资源产业链升级。

截至2022年底,基地回收铜、铝、锌等矿产资源超过10万吨,相当于减少原矿开采量40万吨,与开采原矿再冶炼相比,有效节约全社会能源消耗量约12万吨标准煤,减少二氧化碳排放约31.2万吨。

二、构建废旧动力电池综合利用和新能源新材料产业内循环

依托基地资源和特色优势,培育壮大锂电新能源龙头企业,在完善新能源新材料产业自身产业链的基础上,推动废旧动力电池综合利用与锂电新能源产业耦合发展。围绕锂电池正负极材料、隔膜、电解液、系统集成、废旧电池回收利用等产业链环节持续延伸产业链,加大上下游招商力度,做优做强废旧动力电池拆解回收综合利用,构建"锂电材料—电池制造—系统集成—终端应用—废旧电池梯次利用及综合回收开发"的全生命周期产业集群和生态体系,推动形成完整的锂电新能源产业链循环。目前,基地有万载县晶安矿业、宜春天卓新材料、江西睿达新能源、江西省佳瑞新能源、江西金池新型建材等21家锂电新能源企业,基本建成前端选矿,中端正负极材料,后端锂电池封装制造、锂电池拆解回收的产业链闭环。

三、建设智能化固废管理平台

建设固废交易平台,收集经营企业的证照信息、买卖双方的贸易信息、仓储企业的仓储信息、运输企业的运输信息、废弃物处置企业的废弃物处置信息等,

万载固废利用基地大宗固废交易管理系统

同时为监管部门提供了一个高效、便捷、准确的信息查询平台,实现对固体废物从"仓库"到"处置"的全过程跟踪管理。建立企业一企一档数据库,整合内、外部数据信息,将各类信息标签化,从行业类型、性质规模、税收信用、知识产权、企业特性等对企业进行精准可视化画像,并根据行业类型等条件进行分类。通过企业画像实时查看企业的概览数据,及时掌握工业企业的发展情况,为后续企业分析做数据支撑。

案例启示

万载固废利用基地通过实施有色金属回收工程带动固废处理产业集聚发展,积极推动锂资源产业链升级及产业内循环,为基地固废利用产业链循环链接奠定了基础。建立智能化管理平台,实现固废全过程管理,推动固体废弃物综合利用产业有序发展。相关经验可为有色固废综合利用基地绿色发展提供借鉴。

玉山固废利用基地：
以无废矿区引领绿色发展

玉山县大宗固体废弃物综合利用示范基地（以下简称"玉山固废利用基地"）坐落在石灰石储量居全省之首的江西东部门户第一镇、江西经济百强镇岩瑞镇境内，基地核心区域4平方公里，辐射区域9平方公里，拥有江西玉山南方水泥、江西玉山万年青水泥等国家、省级知名品牌的水泥企业，30余家节能、环保类新型建材企业，年水泥产能达800万吨、熟料产能500万吨，是江西省最大的新型建材基地和重点矿区之一。

玉山固废利用基地入选全国大宗固体废弃物综合利用示范基地以来，以建设无废矿区为方向，全面开展清废行动，加快骨干企业培育，高质量建设绿色产业基地，打造国内一流建材生态产业基地。

一、推进无废矿区建设

玉山固废利用基地积极推进无废矿区建设，强化固体废物污染防治。安排2000万元专项资金，高效、高质、高速推进矿区生态环境整治，对无序开采，造成矿区资源严重浪费的52家砖瓦窑厂、73家石灰窑厂全部予以关停拆除。通过减量置换方法，以大企业集团为龙头，对11家年产值没有超亿元、高污染、高能耗、低产出、缺乏市场竞争力的"小散乱污"建材企业进行淘汰或兼并。推动相关产业向基地聚集，发挥基地的集聚和链接效应，改变小而散、粗放型、资源浪费严

玉山万年青石灰石矿山复绿

重、立窑水泥比重高的问题。如江西玉山南方水泥通过重组6个矿区企业,淘汰6条落后生产线,建成国内最先进,最环保的特大型干法水泥生产线,形成日产8000吨水泥的生产能力。

二、加快固废利用工艺技术改造更新

玉山固废利用基地把环保科技创新作为大宗固废综合利用的关键,通过工艺改造、技术更新等手段,不断推进固体废物源头减量和资源化利用。统筹1.5亿元资金,支持固体废弃物综合利用、余热发电、清洁生产等减排技改,矿区固体废弃物进一步优化配置和合理利用,每年减少固体废弃物1300万吨。推动企业实施技术改造,南方水泥投资20.1亿元,启动水泥整合升级项目、数字化绿色矿区建设和智能化建设项目、水泥窑协同处置固废项目、低温发热发电项目、光伏发电等8个与固废有关的技改项目,减量置换建成日产8000吨熟料的水泥生产线,年产熟料297万吨,水泥400万吨,年处置废弃物160万吨,减少二氧化碳排放136万吨。

案例启示

玉山固废利用基地积极推进无废矿区建设,关停资源浪费企业,淘汰兼并小、散、乱、污企业,推动相关产业集聚,构建固废利用产业链,通过工艺改造、技术更新、循环利用等手段,不断推进固体废物源头减量和资源化利用,相关经验可为建材固废综合利用提供借鉴。

江西格林循环:
推动电子废弃物废塑料循环再生

　　江西格林循环有限公司(以下简称"江西格林循环")始建于2010年5月,是循环经济产业集团格林美集团控股的以电子废弃物循环利用与废塑料改性再生业务为主的综合性低碳环保产业公司。江西格林循环是工信部认定的废塑料综合利用行业规范企业之一,也是工信部产品绿色设计与制造一体化集成应用2020年绿色制造系统解决方案供应商。公司掌握先进的电子废弃物绿色资源化处理技术,形成"废弃电子产品—回收拆解—材料深加工—高品质再生材料—电子电器产品"的闭路循环,实现电子废弃物的无害化与资源化利用。目前,公司电子废物处理总量每年可达1256万台,占中国电子废弃物年处理量的11%以上,年循环再造废塑料7万吨以上。

一、智能化拆解

　　通过机械和人工相结合的方式对电视机、冰箱、洗衣机、空调器与电脑("四机一脑")等大型废弃家电进行拆解、破碎,精细分选后,从中获取废塑料、废金属(铁、铜、铝、不锈钢等)、废压缩机、废电机、废电路板等拆解产物。已成功开发的废冰箱自动破碎分选技术,是国内首条废冰箱的整体自动破碎分选线,金属和非金属分离率达到99.5%,回收率99%以上,制冷剂收集率99.8%;液晶立体式拆解技术,通过构建多层输送系统模型,开发了三层与多层立体式家电拆解生产线,实现废旧家电高效拆解、产物分类收集,拆解效率比传统模式提高一倍。江西格林循环将人工智能拆解技术引入拆解端,大幅度降低了传统人工拆解的劳动强度和职业健康风险,提高了拆解效率。

二、高值化利用

对电子废弃物绿色拆解后,建立关键拆解产物废塑料循环利用关键技术与核心装备体系,以废旧塑料为原材料,进行破碎、分选、改性再生与高值化利用。开发的废塑料清洗分选工艺,主要包含"破碎、磁选、材质分选、漂洗、脱水、静电分选"等环节。采用清洗预处理分选,选用一体化清洗装备分选出轻/重质塑料;深度分选(多级静电分选、色选和材质分选)分离橡胶、非目标塑料等杂质得到目标塑料,该技术工艺塑料片料纯度可高达98%以上。开发三阶复合螺杆挤出造粒装备与工艺,造粒工序采用低温挤出与四柱式不断料熔体过滤装置,金属杂质去除能力良好,塑料粒子产品性能稳定,可满足环保RoHS等欧盟标准。

三、绿色化工艺

设计电子废弃物废塑料再生过程的绿色化工艺,通过采用干法分选取代湿

江西格林循环电子拆解线

法分选,减少废水产生。采用电磁感应加热代替传统电热丝加热,降低能耗。使用自动出渣设备或者可重复利用的滤芯(如熔体过滤器或反冲式过滤器)替代普通滤网,减少废滤网产生。采用低温等离子体技术处理再生造粒环节废气,降低环境风险。推行智能制造和柔性制造,通过设计再生塑料智能制造系统(含7个子系统),提升再生造粒、塑料改性造粒车间及其配套仓储等部分的工厂整体自动化与智慧化管理水平。对整个造粒工序开展全流程的自动化装备体系升级改造,有效提升自动化、智能化装备水平。公司着力建设废塑料再生绿色智能制造示范线,建设智能工厂,提升产品质量、降低产品成本,进一步提高再生塑料终端制品原料的品质。

四、循环化再生

江西格林循环作为中国领先的再生塑料制造商,获得PCR(Post Customer Recycled,消费后的塑料)、可持续发展与碳(ISCC Plus)认证,在供应链中建立可追溯性,打通了从废旧家电拆解到再生塑料改性的循环之路,再生塑料100%来自于PCR塑料。电子废弃物废塑料通过拆解、破碎和重新造粒改性,实现了资源再生,大幅度减少了塑料生产的碳足迹。经德国莱茵对公司再生PP和ABS塑料颗粒进行碳足迹核查,单位产品碳排放分别为0.47吨二氧化碳当量和0.97吨二氧化碳当量,比同类原生塑料碳排放量分别减少78%和79%。

案例启示

江西格林循环通过先进的电子废弃物绿色资源化处理技术,不断提升电子废弃物废塑料再生生产工艺与技术的绿色化、智能化水平,着力提升环境管理水平,实现电子废弃物的智能化处理、无害化与资源化利用,降低污染物排放,形成完整电子废弃物综合利用产业链。江西格林循环围绕电子废弃物智能化拆解、高值化利用、绿色化生产和循环化再生等方面的做法可为企业资源综合利用提供借鉴。

华赣环境集团：
构建废旧物资回收利用体系

江西省华赣环境集团有限公司(以下简称"华赣环境集团")是江西省政府于2018年9月批准,由江西省投资集团有限公司牵头组建的生态环保领域省级投资运营平台,注册资本金30亿元。按照"统一平台、资源整合并行,统一规划、产业发展并进,统一体系、建设科研并举"的原则,打造环保科研、装备制造、工程建设、环境服务、绿色金融五大板块为引领的环保产业综合服务商。

华赣环境集团在全省范围布局和打造绿色分拣中心项目,通过建立全链条数字化构建废旧物资回收利用体系,从源头上分拣生活垃圾可回收物,实现全品类再生资源集聚与精细化分拣,实现垃圾减量化和资源化,将垃圾变废为宝。

一、紧守绿色定位,规范打造废旧物资回收利用体系

华赣环境集团紧紧围绕绿色定位,按照"十有标准",即"有工商注册及备案、有生产办公物流分区、有完善的环保设施、有防水防渗处理、有规范的消防设施、有先进分拣加工设备、有信息管理系统、有电子监控系统、有内部管理制度、有建立突发事件应急预案",加快推进绿色分拣中心项目建设,对废纺织废纸、废塑料、废金属、废橡胶、废旧小家电等全品类的废旧物资进行应收尽收。探索上游加强废品收购站点前端收集整合,下游加大再生利用企业原料后端供给的循化利用体系建设的新模式,打造一条涵盖回收、运输、分拣、再生利用等全过程的绿

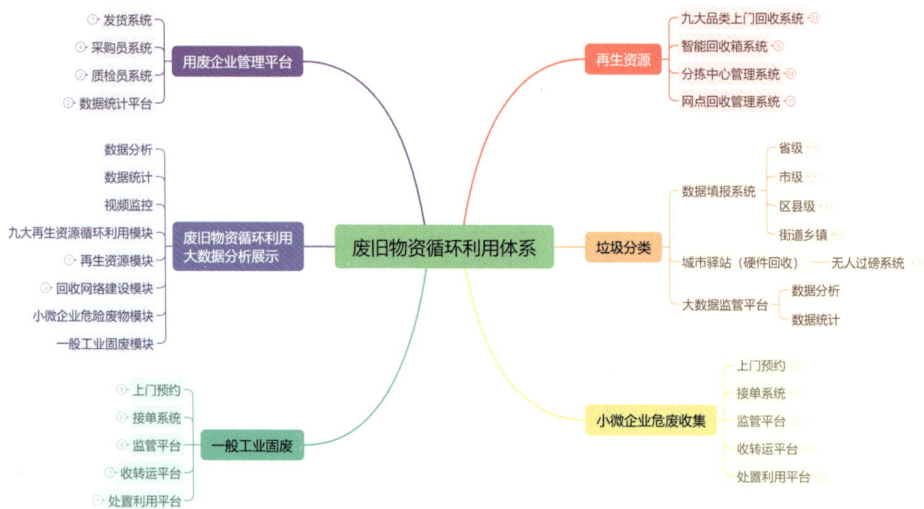

华赣环境废旧物质循环利用体系

色回收链条。截至2023年，抚州、吉安等地绿色分拣中心已投产运营。预计到"十四五"末，华赣环境集团将在全省运营分拣中心项目达20个左右，其中综合型分拣中心为15个，专业型分拣中心5个。项目实施后预计每年回收废纸约50万吨，废塑料约20万吨，废钢铁约20万吨，其他可回收物约5万吨，每年贡献碳减排量250万吨以上。

二、聚焦数字经济，创新"互联网＋资源回收"模式

华赣环境集团创新"互联网＋资源回收"模式开展废旧资源回收，开发了便民高效的微信小程序"华赣循环"APP，实现在手机上下单，回收人员第一时间上门回收，居民轻松卖废旧物资的简易操作。构建"一键下单、上门回收，变废为钱、变废为宝"的理想废品回收体系，建立源头数据汇总大数据云平台，实时监控城市废旧物资回收数据，为政府顶层宏观设计以及"碳减量"核算提供可溯源数据支撑体系。

华赣循环大数据展示中心

三、开展大宗固废综合利用示范

华赣环境集团统筹推进全省垃圾焚烧飞灰资源化利用,其中丰城项目已与当地园区管委会签订《投资合作协议书》,赣州项目正在用地选址;拟在吉安、九江、新余、抚州和上饶等设区市投资建设一批固体废物处置和综合利用项目,相关项目全部列入地方"十四五"固体废物污染环境防治规划。

华赣环境集团下属企业华赣瑞林稀贵公司研发稀贵金属再生资源综合利用NRT 系列技术与装备,通过产业化示范工厂建设,实现产业化推广。目前,华赣瑞林稀贵二期工程 NRTC 炉已于 2020 年 7 月顺利点火烘炉,粗铜品位达到97.5%。

此外,为破解建筑垃圾处置难题,华赣环境集团引进专门处理建筑垃圾的大胃王建筑垃圾处置生产线。该生产线日处理建筑垃圾约 2000 吨,年处置能力可达 50 万吨,把垃圾破碎、筛分、分拣,产出砂石、粗细骨料等建筑材料,再将这些材料有效地反哺到城市基础建设之中,实现了建筑垃圾绿色循环。

案例启示

　　华赣环境集团着力构建废旧物资回收利用体系，加快推进绿色分拣中心项目建设，创新"互联网+资源回收"模式，开发了便民高效的微信小程序"华赣循环"APP，实现在手机上下单。投资建设的一批固体废物处置和综合利用项目，开展了稀贵金属再生资源综合利用和建筑垃圾回收利用示范工程建设有效实现废旧物资减量化、资源化利用。相关经验可为企业资源综合利用提供借鉴。

江西思远再生：
技术创新赋能资源再生利用

江西思远再生资源有限公司(以下简称"江西思远再生")成立于2019年,位于江西省上饶市铅山县工业园区,公司集自主研发、生产、销售为一体,从有色冶金固废物中提取和回收锌、铅、铜、银、镉、镍、钴等多种有价金属。江西思远再生致力于对固体废物进行绿色、清洁、循环处置的创新性研发,利用"生态链再造"思维视角对产生固体废物的行业进行分析,采用"危险废物资源货币化"的投资理念实现循环再生。江西思远再生以铜锌火法冶炼厂的烟尘废料为原料,采用全湿法冶金工艺,制成硫酸锌、电锌、电铅、电铜、银、氯化钙、硫酸钙等产品,年处理次氧化锌20万吨综合利用(一期6万吨已投产)。

一、创新生产工艺,丰富副产品类型

江西思远再生通过校企合作、自主研发,不断进行技术创新,促进企业集约高效发展。与北京科技大学、江西理工大学合作,承接科技部"大宗金属铝/铜再生过程灰尘高效回收与污染控制技术"产业化任务,实现从铜再生灰中提取锌、铜、铅等金属产生二水硫酸钙、二水氯化钙等副产品,产值提升53.8%,能耗降24.7%。公司采用"直浸®工艺"和"酸再生工艺",同时开发DL智能集成处置系统和循环碱再生装置,建成年处理6万吨次氧化锌生产线。开发高环保标准的Muse3#t综合回收系统,将重金属危废中的锌、铅、铜、镉、银、镍、钴等回收为高纯金属或金属盐,高效回收其中氯根、硫酸根,解决了传统产业的环保难题。开发中性浸出—有机萃取—无酸雾电积的纯湿法的铅、镉金属的萃取、电积工艺,全过程在水溶液中进行,不产生任何含铅粉尘、废气、二氧化硫气体及废水。拓宽原料来源,原料成本降低到总产值的30%—50%,远低于同行业的70%—90%,并且显著降低铅的生产成本,单位产品的能耗仅为国家关于火法炼铅产品单位产品能耗先进值的80%,节能减碳效果显著。首创除氯离子应用技术,消除氯离子腐蚀生产设备、影响产品品质的痛点,形成了副产品氯化钙,扩大了产业链,提高了企业收益。先后荣获发明专利3项、实用新型专利16项,实质性审查10余项;获省重点新产品、省科技成果登记各1项。

二、促进资源深度开发

江西思远再生将生产过程中产生的废水,一部分通过膜浓缩变成工业循环

江西思远再生废水零排放碱再生系统

水返回系统使用,另一部分则通过氨再生技术,将原料带入的硫酸根、氯根两种阴离子以中钙镁肥和球状二水氯化钙产品的方式进行循环使用,综合回收处理过程无二次污染,实现废水零排放。污染物的零排放形成了新的产业生态系统,副产品硅钙镁复合肥年产量达512吨/年。另外,坚持聚合各方人才力量,推动环保工艺持续升级,与西安科技大学进行了深度交流和合作,采用"MW-LEP微波裂解技术+喷淋设备+静电除烟设备"去除挥发性有机物,挥发性有机物排放仅为38.4毫克/立方米,远低于国家标准的80毫克/立方米,有力提高和改善了厂区及周边环境。

案例启示

江西思远再生通过循环利用废水和氨再生技术,实现了废水的零排放,同时形成了新的产业生态系统。加快工艺创新和技术创新,开发多种金属集约生产技术、铅、镉金属的萃取技术,有效降低能耗、减少排放,江西思远再生在推动资源高效循环利用,实现低排放工艺的做法可为金属再生利用企业提供借鉴。

全南新资源稀土：
多措并举建立多层级水循环利用系统

全南县新资源稀土有限责任公司（以下简称"全南新资源稀土"）前身是全南县稀土冶炼厂，成立于1999年12月，是一家集稀土分离、高纯制取、科研开发、深加工为一体的稀土企业。全南新资源稀土拥有湿法冶炼的核心技术，采用传统的串级萃取与先进的模糊萃取相结合的生产工艺，实现稀土15个元素全分离，5N高纯产品占比70%以上，是国内稀土分离技术最先进的企业之一。全南新资源稀土制定了各类管理标准、技术标准、工作标准100余个，顺利通过ISO9001质量管理体系认证和ISO14001环境管理体系认证，并认定为"国家级高新技术企业"，同时被列入工信部符合稀土行业准入条件企业名单。全南新资源稀土生产的氧化铽、氧化镝、氧化镨钕产品被评为"江西省名牌产品"，先后获得江西省质量管理先进单位、江西省科技型中小微企业、省专精特新中小企业等称号。

针对稀土湿法冶炼生产中的酸溶、洗涤等工序耗水量大的问题，全南新资源稀土注重使用新技术、新工艺，加强企业生产各环节用水管理，结合企业实际，构建多层级水循环利用的节水路径，取得明显成效。

一、改进反渗透浓水回用设施

全南新资源稀土对其浓水进行分析处理后可以达到酸溶工序生产用水标准，通过建设蓄水池、改造供水管网，实现对制备软化水期间产生的浓水的充分利用,反渗透浓水全部回用酸溶工序(料液稀释、洗渣及喷淋等)二次利用。改进之前,原反渗透浓水量约150立方米/天,浓水全部排放,经过节水改进后,达到年节省新鲜用水量为45000立方米(按300天计算)。

二、改进半成品逆流洗涤设施

全南新资源稀土经过对沉淀洗涤生产工艺综合分析研究后,对沉淀洗涤生产工艺和设备进行了改进,将料液稀释、化解沉淀剂及半成品洗涤用水进行二次利用和采用逆流分段洗涤方法,使洗水、母液及洗涤水可多次利用,使整体沉淀洗涤用水量大幅度下降。

3N产品节水情况:料液稀释新鲜水1立方米+3立方米洗水、化解沉淀剂新鲜水2立方米+洗水8立方米、洗涤半成品新鲜水5立方米+洗水13立方米。3N

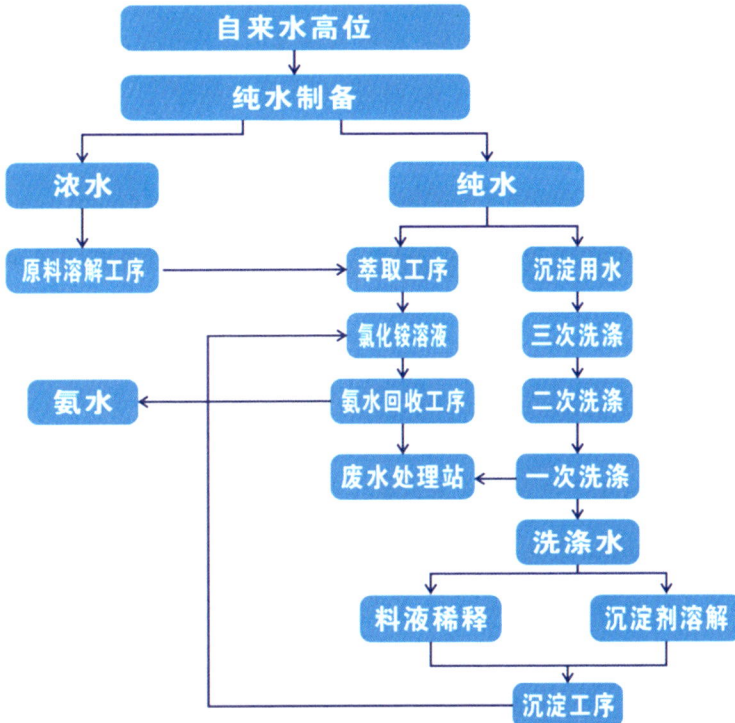

全南新资源稀土多层水循环系统

产品单位新鲜水合计8立方米,每吨产品可节省新鲜用水24立方米(即洗涤水重复使用),节水率为75%,年节省新鲜用水量为36000立方米(按每天生产5吨3N产品,300天计算)。

5N高纯产品节水情况:料液稀释新鲜水3立方米+洗水3立方米、化解沉淀剂新鲜水10立方米+洗水5立方米、洗剂半成品新鲜水20立方米+洗水25立方米。5N产品单位新鲜水合计33立方米,每吨产品可节省用水33立方米,节水率为50%,年节省新鲜用水量为49500立方米(按每天生产5吨5N产品,300天计算)。

三、优化冷却水循环利用工艺

在氨回收工段,需大量自来水进行热交换冷却,全南新资源稀土利用冷却塔对冷热交换后的热水进行冷却处理,实现每天1200立方米自来水循环利用。同时,通过建设蓄水池、改造供水管网,实现对制备软化水期间产生的浓水的充分利用,使其供应至企业部分生产工序、绿化、厂区厕所冲厕等,使以上用水环节均不再额外取用自来水。

全南新资源稀土基于多层级水循环利用,年节水量达13.05万立方米,综合节水率为33.88%,年节省水费达40多万元,同时减少了废水排放,生态环境效益显著。

案例启示

稀土湿法冶炼生产过程中需要消耗大量水资源,全南新资源稀土积极探索水资源高效利用路径,通过对反渗透浓水回用设施、半成品逆流洗涤设施、冷却水循环利用工艺等进行改进与优化,建立多层级水循环利用,实现一水多用。全南新资源稀土在构建多层级水循环系统的做法可为稀土企业提高水资源利用效率提供借鉴。